愿我如星君如月

——张爱玲传

卜可 著

HAN BOOK 版 武汉出版社
WUHAN PUBLISHING HOUSE

（鄂）新登字 08 号

图书在版编目（CIP）数据

愿我如星君如月：张爱玲传 / 卜可著 . -- 武汉：
武汉出版社，2017.4
ISBN 978-7-5582-1345-8

Ⅰ . ①愿… Ⅱ . ①卜… Ⅲ . ①张爱玲（1920-1995）
—传记 Ⅳ . ① K825.6

中国版本图书馆 CIP 数据核字（2017）第 078212 号

著　　者：卜　可
责任编辑：张雨濛
封面设计：翌　晨
出　　版：武汉出版社
社　　址：武汉市江汉区新华路 490 号　　邮　编：430015
电　　话：（027）85606403　85600625
http：//www.whcbs.com　　E-mail：zbs@whcbs.com
印　　刷：北京嘉业印刷厂　　经　销：新华书店
开　　本：787mm × 1092mm　1/32
印　　张：8.5　　　字　数：164 千字
版　　次：2017 年 6 月第 1 版　　2017 年 6 月第 1 次印刷
定　　价：32.00 元

目录

目录

目录

前　言

赤着脚，轻轻踩在地板上。风，任性地从窗子飘进来，凉凉的，静静的，带起纷飞的发丝，带起月亮空洞的温存，丝丝点点，染着轻盈的落寞，把这繁复的世界渲染得安静如水。

伸出手，拿起桌上的书籍，再一次与这个谜样的女子重逢，也任由她把自己独特的孤傲，填塞空间，灌满灵魂。在清冷的风里，讽刺的，淡漠的，带着对人性空冷的研判，放肆地来演绎。她微微昂着头，嘴角紧抿，没有笑容，没有言语，宛若人生在世，没有任何的牵绊可以撩过她的心，入住她的梦，她那么飘逸出尘，淡泊似絮。

风起，云落，当漫天冰雨敲响午夜的门窗，当沉思无处隐藏，我们倒一杯醇香的红酒，望着壁炉里焰光闪闪，会不由自主地陷入这个叫人感觉寒冷的女子所设的迷雾里，无力挣脱。

她以文立世，以冷处世，以静离世。有苔藓墨绿的清香，有烈风冰冷的决绝，亦有月亮柔美的距离。让人看不懂，想不透，只能在发黄的书页与相片里，追溯她遗世独立的美！

她是张爱玲。身世显赫。她的祖母是在中国历史上都具有一定分量的大人物——李鸿章的女儿。尽管后来家道没落，亦是婢仆簇拥，娇容华贵，然而张爱玲却如秋雨扫过的黄叶，从未感受过家庭的温暖，她父亲一度扬言要杀了她。

她叫张爱玲。杰出的才华堪称文学界的传奇，20世纪90年代被北京大学评论家列为“20世纪中国十大小说家”之一，与鲁迅、巴金、老舍、沈从文等文学大师并列。然而在新旧交替的年代亦被戴上文化汉奸的帽子，飘零海外，为衣食生计奔波，最后不得不出卖自己赖以骄傲的文字。

她叫张爱玲。她一生淡泊感情，对自己唯一的亲弟弟都未给予过多的温暖，却独独痴心狂恋上了汪伪官员胡兰成，甚至说过：“喜欢一个人，会卑微到尘埃里，然后开出花来。”她为他哭，为他笑，为他从高高的云端踩进繁复凡尘，被万夫所指！

她叫张爱玲。20世纪最彻底的唯美主义者，曾以奇装异服称艳上海滩，风光无限，她又心静不改，迅速淡出，晚年更是过起与世隔绝的幽居生活，最后安静地死在公寓里，一个星期后才被人发现。

轻烟袅袅，绿水盈盈，这个女子身边围绕着太多太多的迷离，太多太多的故事，宛若雾气里的罂粟花，吸引着你，慢慢走近她。有人说：“张爱玲是个女人，但她超越了女人；张爱玲是个作家，但她超越了作家；张爱玲是一个人，但她超越了一个人。”那么，张爱玲是什么呢？神吗？仙吗？妖吗？都不是！想来，她亦只是一个平凡人而已。

在这个繁复尘世中，我们都踩着啼哭而来，没有选择，只有宿命。我们的心性在降生时就注定有阴有阳，只是有人会把光明，面向阳光，在那里开起艳丽的花，漫起醉人的香；但亦有人看清了人性最薄弱的缺陷，世态最丑陋的狭隘，那里布满墨绿色的苔藓，轻轻踏上去，就带着彻骨的凉，所以她们会选择远离。让雾，做自己的衣裳，让风，冰凝自己的心跳。当树叶静静从枝头飘落，一地凌乱。她们不会悲怜，亦不会哭泣微笑，因为她们知道，万事万物都有自己的宿命，归属。谁都不能帮谁，谁都不能依靠谁过一辈子。我们所能做的就是看清人生错综复杂的路，你要走哪一条？选好了，走好，别后悔！

张爱玲不会允许自己后悔。她的世界里虽然没有淡雅的香，却有宁静的醉，那里雾气朦胧，青烟弥漫；那里有亭台楼阁，琴声悠扬；那里走进了，就不想出来。默默翻开发黄的页张，我们在雾气中寻觅她的足迹。安静的，不想打扰那沉睡的灵魂。然而每越过一片竹林，心绪就会被冰冷的丝线牵扯，每绕过一条小溪，灵魂就会被烈火焚烧。昂起头，黑夜净空中燃起绚丽的烟火，我们知道她是这净空，亦是那烟火。矛盾并真实地存在着。

她叫张爱玲，打上“上海滩”烙印的名字，叫我们慢慢走近她，带着柔美的月光静静聆听一个“传奇”女子的心声！

第一章

清水娆寒梅

净空烟火

花开花落，缘起缘灭，岁月一天天碾过，中国几千年的历史风华变成了发黄的书页，堆积在布满蛛网的空落房间里。轻轻拿起，尘土在阴暗中飞舞，我们不能不坚信，时光如流水，故去的一切就算再珍贵，再风光，都会被春水浸泡，消失隐没。抬眼看看今日的天空，花儿是否依旧美艳？树叶是否依旧青翠？久违的青砖凤瓦下，能否还有燕儿的呢喃？推开纱帐，我们闻到的却是"五四"敲响过后，清王朝残梦余温的味道。湿湿的，沉沉的，惊起一群鸥燕向南飞。

他们说失去的都是美好的，留下的都是遗憾的，我无力反驳，但我唯一肯定的是，我们谁也无法阻止岁月的年轮一天一天辗转。世事无常，每一天都有人死去，每一天都有人降生，生生死死，悲悲切切，构成了华夏历史的篇章。那里记载着历朝历代的明君圣主；那里充满诗人墨客的绝代风华；那里亦有奸恶之徒的无耻心机。一刀一锤，刻在我们心里，无法忘记。徘徊中，我看到有个孤寂的灵魂在飘荡，潇潇洒洒，坦坦荡荡，那遗世孤立的美叫我们不能不驻足凝视。

她叫张爱玲，不，或许我此时应该叫她张煐（"爱玲"是十岁时母亲带她去黄氏小学依照英文名字Eileen临时取的），1920年9月30日出生在上海公共租界的张家公馆。

公共租界，大家都不会陌生，它曾经那么堂而皇之地高耸在上海这座城市里。风声起，云絮落，想来真的好奇怪，尽管“五四”运动刚刚开始，它还是一派生机盎然的模样，歌舞升平，华丽无限。一个城市分为公共租界和华人所住的贫民窟。这两者之间用一块牌子分割得相当明显：“华人和狗不得入内！”

冷冷的风扫过心头，荡起灵魂的颤抖。是悲哀、气愤，或者更有无语的默哀吧。抬头望望天，天依旧蔚蓝，云依旧潇洒，生活依旧日复一日地度过。在岁月的年轮里，我们只闻风声，不闻花香。袅袅然，凄凄然，徘徊迷离。

其实在公共租界里也是有华人的，他们或是清朝遗少，或是位高权重，不管是什么，唯一肯定的是他们口袋里都有银子，每天醉生梦死，恣意过着有滋有味的生活。看来悲哀，实则必然，那是个连孙中山都气得吐血的时代，我们又能责怪他们什么呢？如若每个人都能坚守，都能抓住信念，那么我可以肯定，他会在那个时代里脱颖而出，流芳千古。中国的历史告诉我们，在华夏这块神秘的土地上，生长着能“忍”的人群，每一朝，每一代的历史更替，都是经历最黑暗的时期后迎来的。

我曾问过一个朋友，他是我们身边公认最正直坚守的人，我问他如果看到这样的牌子，他会怎么做。他告诉我，“气愤，想摘掉！”我说如果你冲动地去摘，被关进监狱或被枪杀了呢？他停了下，告诉我：“那我会放在心里，将来找机会也要摘掉。”是呀！找机会，他的机会就是中国人忍无可忍，一起团结反抗的时候，那时才有机会！

张爱玲出生的时候，中国人还没有团结一心。那里有着牌子，那里的洋人摆出施舍的面孔，他们恣意妄行，把华人和狗画了等号。殊不知他们的衣食住行是靠压榨谁的骨血换来的。

他们说尘世是残酷的，人性是现实的。我们踏着哭声而来，注定生活苦多过甜，凄凉多过美满。当沉雨打过残枝，当寒梅的尖锐，刺进心口，请记得，千万不要落泪，叫自己不要那么悲凉。微笑地，告诉所有人，你可以！张爱玲年幼之时，便已领悟到了这一点。

张爱玲出生在官宦之家，身世显赫。她的祖父张佩纶是晚清士大夫中“清流党”的代表人物，曾失战福建“马尾战事”，被革职充军，流放张家口。光绪十四年（1888年），期满释归。因与李鸿章是世交，遂得收留为幕僚，协办文书，掌理重要文件，并因此认识了李鸿章之女李菊耦。那年张佩纶已经41岁，两年前元配病故，又是个刚释放的囚犯，而李菊耦只有23岁，且素有才名，嫁给张佩纶做续弦委实委屈。其母闻知此事，大怒，痛骂李鸿章“老糊涂虫，把才貌双全的女儿许配给一个年龄相差十九岁的‘囚犯’”，李鸿章不听。在旧社会女人的地位远远不及男子的一发。

父命难违，李菊耦只能嫁了。结婚后，李菊耦亦未想到张佩纶这般有才情，他们烹茶作赋，夫唱妇随，过了一段与世无争的幸福生活。

1894年，中日两国在朝鲜爆发严重军事冲突，战争一触即发，北洋大臣李鸿章主持其事。张佩纶仍然主张与日对战，与李鸿章之子李经方意见相左。李经方起了排斥之意，通过关系，买通御史上奏，弹劾张佩纶。张佩纶无奈，只能携家眷搬到南京。李鸿章在南京大中桥襄府巷给他们买了一所巨宅，张佩纶和李菊耦在这里生了一子一女，子即张廷重，女即张茂渊。

张佩纶终日闭门不出，虚度年华。

此后一年，甲午战争爆发，集晚清全国之财力物力的北洋水师惨遭败绩，签订了丧权辱国的《马关条约》。这一事件在全国引起强烈反响。康有为等发动公车上书，掀起维新变法的高潮。李鸿章也视《马关条约》为奇耻大辱，发誓终生不再履日地，并倾向变法。由于国内民愤四起，又不能指责清政府为慈禧倾尽国库一心筹备万寿庆典，故将矛头指向了李鸿章。李鸿章就在这样的情形下，做了大清丧权辱国的替罪羊，甲午战争后，被解除了位居25年之久的直隶总督兼北洋大臣职务，投置闲散。

这就叫历史，总要找一个能顶起的人来扛罪，李鸿章不管名声和地位都担当得起，所以活该被选上。只不过他如此效忠清廷还是招来如此待遇，他心里是何滋味？坐在花落枝残的院落，他依稀可以看见慈禧为自己寿辰忙碌的身影，她不会为自己感到委屈，只会认为这一切是臣子该承受的。

1901年11月7日，李鸿章在屈辱和病痛中辞世。

李鸿章生逢大清国最黑暗、最动荡的年代，他的每一次“出场”无不是在国家存亡危急之时，大清国要他承担的无不是“人情所最难堪”之事。这位不同寻常的大清重臣，中国人一向的定论与百年以来的世界舆论截然不同。在中国，评价一个人是很容易，同时也是很难的事情。我们在对他咒骂痛斥之时，却忘了自我反思，自我反省与生为国人必将履行的不可推卸的责任。

李鸿章死后两个月，梁启超写出煌煌大作《李鸿章传》，称：“李鸿章必为数千年中国历史上一人物，无可疑也。李鸿章必为十九世纪世界历史上一人物，无可疑也。”梁启超说他“敬李鸿章之才”“惜李鸿章之识”“悲李鸿章之遇”。

美国人评论李鸿章：“以文人来说，他是卓越的；以军人来说，他在重要的战役中为国家作了有价值的贡献；以从政来说，他为这个地球上最古老、人口最多的国家的人民提供了公认的优良设施；以一个外交家来说，他的成就使他成为外交史上名列前茅的人。”

日本首相伊藤博文也曾视李鸿章为大清帝国中唯一有能耐与世界列强一争长短之人。可就是这样的人，日本亦竭尽了侮辱之能事，《马关条约》谈判时，李鸿章等清朝官员所坐的凳子都要比他们的矮半截。

起风了，带着森森的凉。风声中我们只能明白一个道理：一个人再强大，你所处的国家不行，亦会被欺凌得无颜抬头。

张佩纶失去了李鸿章这座靠山，晚年只得隐居南京，纵酒过度，以抑郁终。临死前，他告诉自己的次子，即张爱玲的二伯父张志潜，说：“死即埋我于此，余以战败罪人辱家声，无面目复入祖宗邱冢地。”死而不归祖茔，张佩纶的凄凉孤零为这个煊赫的家族注入了一种苍凉的梦幻之感。

张佩纶走了，幼子张廷重只七岁，女儿张茂渊才两岁，李菊耦不足40就早早守了寡。“碧海青天夜夜心”的日子，一天一天辗转过去。那其中的滋味只有她自己明了。她把所有期望都寄托在儿子身上，母兼父职，教子甚严。由于情绪沉郁，不久得了肺病，1921年在上海病逝，此时张爱玲的父亲张廷重只有十六岁，姑姑十一岁，尚未成人，和他们同父异母的二哥张志潜一起生活。

张廷重学了满腹诗书八股，长大后却全然派不上用场。中国早在1905年便废除了科举制度，李鸿章和张佩纶的时代早成了历史，四书五经换不了钟鸣鼎食，只能在茶余饭后消消食罢了。

无疑，张廷重的人生是悲哀的，像花丛里最名贵的花，带着绚丽的艳，每天依靠着根叶供应的营养和水分，等着花开，等着花落。空洞的灵魂，空来空去，在这世间不会留下一丝影子。而中国历史洪流里充斥着太多太多这样的人，我们为其悲哀的同时亦不能不质疑，为什么他们会如此悲哀？

张爱玲就出生在这样的大家族里，只是不知安静和孤傲是不是跟血液一样，是祖先留传下来的不可抗拒的礼物。张爱玲看着世态的变化万千，沉默着，从来不多说一句话。

那时清王朝已经灭亡十年，“五四”运动刚刚开始。与此同时，北方北洋政府与南方军政府已处于事实上的割据分治状态，而这一切并不能影响张爱玲精致的生活。资料上曾记录过张爱玲这样回忆的文字：“我记得每天早上女佣把我抱到母亲的床上去，是铜床，我爬在方格子青棉被上，跟着她不知所云地背唐诗。”

张爱玲小时，张家仍保持着豪华的排场。她童年里唯一的不快该来自比她小一岁的弟弟张子静。在张家，男尊女卑的现象很突出，张爱玲为此感觉气愤而委屈，恰恰领弟弟的女佣“张干”，裹着小脚，伶俐要强，处处占先，领她的“何干”

因为自己领的是女孩子，自觉心虚，处处让着“张干”不敢和她争。那时张爱玲就知道“要锐意图强，务必要胜过我弟弟”！

胜过弟弟张子静对张爱玲来说易如反掌。她比他会说话，比他会画画，张子静曾嫉妒她画的图，趁没人的时候拿去撕了或是涂上两道黑杠子。所以成年后张爱玲说：“我能够想象他心理上感受的压迫！”

张子静从小体弱多病，大小得哄着他吃，人们曾经尝试在松子糖里加了黄连汁喂给他，使他断念。他大哭，把一只拳头完全塞进嘴里去，仍然要。于是他们又在拳头上擦了黄连汁，他嚼着拳头，哭得更惨了——要吃到香甜的松子糖，同时亦要接受奇苦的黄连汁，这是人生滋味最初、最直接的教育方式。

有人说，世事无常，命由天定，想来亦是有理。我们都不知自己是怎样的来，亦不知何时将把一切归还苍天。生命的本身就是“命”安排的劫数。无力中我们唯一可以庆幸的，就是我们的灵魂独独能归属自己，连“命”都不能左右。心性在一天天的经历中悄然发生着变化，我们看到了阳，亦看到了阴。

曾为花开微笑，曾为花落哭泣。时光流逝，世事繁复，渐渐地，我们对一切失去了本能的反应。笑的时候会昂头，迎洒一脸的细雨。哭泣的时候，会把脚放进雪里，身体冰凝了，心就不痛了。我们是红尘世界里的微尘，飘飘荡荡，我们追寻的最终是什么？张爱玲还是那么小的孩童，她就看到了繁华背后的没落，看到人性最丑陋的虚荣，这是她天生敏感，还是我们本来就生活在这样一个现实的世界里？心被冰雪覆盖着，无能改变，无力挣脱。

清水娆寒梅。水是清的，梅是艳的，漫天飞雪洒落，风静静地，冰凝了水，吞没了艳，细细碎碎，清清静静，万事万物亦有灵性，无形中诉说自己的心声，哭亦无声，笑亦无声。

如果可以

缘分是什么？他们说缘分是前世的一种修为，只有功德圆满，今生才会相聚，携手共写命运的乐章。而缘分亦分为善缘和孽缘，善缘，彼此扶持，同甘共苦；孽缘，只有彼此的伤害和远离。

无疑，张爱玲父母的结合属于后者，并连累儿女，造成了童年不可磨灭的心理伤害。风太烈，柳会乱；雨太大，花会残。世界上，没有一个人的承受力会强大到不受外界影响，每走一步，都会有成长的影子，或悲哀，或惶恐，或迷失，或欢喜。悲喜交织，构成人生的轨迹。

张爱玲的父亲张廷重十九岁时跟母亲黄素琼（后改名为黄逸梵）结婚。双方一个是御史少爷，一个是黄军门小姐，当时是人人都会羡慕的金童玉女。婚后两个人仍一直在张志潜家里生活。因张志潜不尚奢华，管束又比较严厉，日子久了，二人便有了脱离的打算。后来，张廷重托堂兄张志潭引荐，终于在津浦铁路局谋了一个英文秘书的职业，从上海到天津，借此机会跟张志潜分了家。张家的财产主要是由李鸿章作为嫁妆陪送过来的，尽管张志潜已先自侵吞一部分，但分到张爱玲父亲张廷重名下的资财仍相当丰厚。

自立门户后，张廷重有了金钱的支配权，立刻变得挥霍无度。就像张家花园里那株盆栽的梅花，扭曲生长多年，致使枝弯叶薄，一旦打碎花盆重新栽进土里，亦不会长成什么可观之花，只会更加疯狂。

张廷重来到天津，简直风光无限，很快结识了一群酒肉朋友，开始花天酒地，嫖妓，养姨太太，赌钱，成了典型的放荡遗少。而黄逸梵虽然出身世家大族，思想观念却受“五四”新文化运动影响较深，对封建旧社会男女不平等及许多腐败习气深恶痛绝，他们之间不可避免地发生矛盾，争吵。

1924年，为了表示抗议，黄逸梵决意和张爱玲的姑姑张茂渊一道出国。张茂渊也是新派女性，反对哥哥而支持嫂子。那一年，黄逸梵已经二十八岁，还是两个孩子的母亲，是当时出国中的“异数”，说她“不安分”“进步女性”的都有，张爱玲则很佩服母亲的勇决。她后来说：“我一直是用一种罗曼蒂克的爱来爱着我的母亲，她是个美丽的女人。”她去法国的时候，张爱玲只有四岁，她还不懂人世悲欢离合下所隐藏的沉痛和哀伤，像绵绵的秋雨，洒得人心头好冷。

后来，她回忆母亲起身时的情景说：“上海的那天，她伏在竹床上痛哭，绿衣绿裙上面钉有抽搐发亮的小片子，佣人几次来催说已经到了时候了，她好像没听见——她睡在那里像船舱的玻璃上反映的海，绿色的小薄片一闪一闪，是海洋的无穷无尽的颠簸悲劫。”

这个世界上，女人本身就是弱者。不管体力、精力都不如男人。黄逸梵无止境地痛哭，是对自己婚姻的绝望和控诉。但不管是封建社会，还是那个新旧交替的年代，都无力在根本上解决这样女子不幸的命运，尽管她丢下儿女出国了，亦只是暂时的逃避，黄逸梵清楚，张廷重更清楚。

她走了，张爱玲会跟弟弟张子静坐在花园里，数着秋风下的残叶，一片一片，脱离了母亲的怀抱，它们的孤单与迷茫，只有它们自己明白。而他们姐弟俩人的苦楚又会有谁知道？风是无语，叶是无情，张子静曾对姐姐说，他不知道“母亲”这个词代表的具体含义，他从来就没感受过母爱。张爱玲不知道怎么安慰弟弟，因为“爱为何”她亦不知道，抬头望着树上鸟巢里的小麻雀。雀妈妈也怀孕了，在那叽叽喳喳地唱着歌，她在期待新生命的降临吗？她想要雀宝宝吗？如果要了，会爱吗？要是爱着就不会离别了吧？！

我们每个人都对生命产生过质疑，也曾想狂喊地询问苍天，为什么生命的旅程充满着艰辛和苦难，为什么拼了命地去争取，最终亦是两手空空。他们说人生如戏，入戏了，被“戏”本身捉弄嬉戏；出戏了，亦把一切归还于“戏”。闭上眼，期盼来世不要为人，甘愿做个石头，可以安静地，踏实地过一次。

黄逸梵走了，张廷重马上把外面的姨太太迎进了门。姨太太本是妓女，绰号老八。一进了张家，张家立刻变得很热闹，时常有宴会。姨太太性情暴躁，看着张爱玲站在张廷重身边念书，便亦教自己的一个侄儿读书，背不上就恣意打他，一张脸常常肿得眼睛都睁不开。姨太太和张廷重也吵架，有次动手把他打了，用痰盂砸破了张廷重的头。于是，家族里有人出面说话，逼着她走路。张爱玲坐在窗台上，看着大门里缓缓出来两辆塌车，都是她带走的银器家生。

太太走了，姨太太也走了。这个家里很冷吗？谁都留不住？！不知道那时，张爱玲会不会意识到自己将来亦会从这里逃出去，没有一丝留恋和牵挂，比他们任何一个走得都凄绝，都干净！

有人说，不管处在什么时代里，童年都该是美好的。张爱玲的童年婢仆簇拥，娇容华贵，这里充满鸦片燃烧的雾气，一团团，一簇簇，像迷离的花。花里没有母亲，只有张廷重坐在那里，头上搭着一块湿手巾，两眼发直，不知道他终日想些什么。未来？过去？或者是死亡？因为打了过度的吗啡，他已经几次跟死神交锋。32岁，人生的黄金年龄，他却恣意地浪费，布满暮气沉沉的况味。

张廷重本来在津浦铁路局做英文秘书，是个闲差，并是在他堂兄辖下单位，张廷重就更加放肆，根本没去过，加上吸鸦片，嫖妓，与姨太太打架，弄得声名狼藉，影响了堂兄的官誉。恰巧1927年1月堂兄又被免去交通部总长之职，张廷重失去靠山，只好离职。

这件事情对张廷重打击很大，终日阴气沉沉，张爱玲不敢靠近他，总会找亲戚中的一位被称为“三大爷”的老人，他永恒地坐在藤椅上，就好像长在那里似的，并且永远重复一个问题：“认了多少字啦？”再就是：“背个诗我听！”“再背个！”每次听到“商女不知亡国恨，隔江犹唱后庭花”就流泪。

张爱玲会悄悄退出来，年幼的她不知道什么是亡国，更不清楚老人在哭什么，只知道身边的人都不会笑。抬起头，看看天，天依旧是蓝的，像块洁净的大台布，阳光细细碎碎地扬洒在上面，很美，可是这样美的世界为什么从来不能叫人欢乐呢？

张爱玲幼小的心在冰冷中慢慢沉寂，她时常会萎缩在黑暗的角落里，和父亲张廷重保持一样的姿势发呆，只是她知道自己想些什么：她想着未来，想着树上那只小麻雀，它的童年快乐吗？

如果可以，张爱玲也想做只小麻雀，在父母的关爱中幸福生活；如果可以，她愿意给出漂亮的衣服，香甜的糕点；如果可以——只可惜世界上没有“如果”的立足之地。这些虚拟的、不切实际的东西，在现实面前如此苍白无力。张爱玲明白，所有人都明白，可是就算把“如果”丢进黄河，亦不能阻止它们所散发出来的致命的诱惑！所以人们都抱着幻想，每天都在期盼，等待。如果可以——

亦曾渴望

那一年张爱玲8岁，生活仿佛一直对她展示着腐烂、颓败的一面。那里没有阳光，布满着墨绿色的苔藓，湿湿的，滑滑的，轻轻踩上去，就会被心存的那一丁点希夷绊倒，手脚酸痛。所以张爱玲会选择安静地坐下，看着这个阴冷的世界，她希求人世完美，可完美在哪里?

张爱玲8岁的时候，那个动乱的年代发生了很多事情。奉系张作霖在军阀混战中失利，从北京撤回东北的途中，于皇姑屯车站被日本关东军预先埋设的炸弹炸死；张学良“东北易帜”，以示由国民政府统一中国；那一年，政府公布上海市总人口数为2 7 170 00人，其中外侨人数47 000人，上海位居世界第六大城市；那一年张爱玲还不叫张爱玲，叫张煐，跟父亲张廷重回来上海，迎接母亲黄逸梵回国。

生活似乎给张爱玲开了一扇温暖的窗，母亲黄逸梵回来的那一天，她吵着穿上她认为最俏皮的小红袄，满心欢喜地等在码头上。可是黄逸梵看到她的第一句话就是：“怎么给她穿这样小的衣服？”孩童的心都是敏感的，张爱玲的笑容渐渐淡去。不久，母亲就给她添了很多新衣。

黄逸梵的回来使一切都发生了变化。张廷重痛改前非，被送进医院戒毒，黄逸梵开始按照她在欧洲游历四年的见识来改造这个家。他们搬进了一所新的花园洋房里，青青的草，醉人的花，小狗在园艺丛里钻来钻去，家里陡然添了许多优雅雍容的客人，多了钢琴、油画这些新颖的摆设，多了歌声和笑声。

当黄逸梵和一个胖阿姨并肩坐在钢琴凳上，模仿一出电影里的恋爱表演时，张爱玲会笑得打跌，在狼皮褥子上滚来滚去。她是真心快乐，好像从记事开始，第一次这样开心过，因此好多年好多年以后她还清晰地记得。

家里的一切都是美的巅峰，蓝椅套配着旧的玫瑰红地毯，其实不甚协调，然而张爱玲由衷地喜欢，连带着也喜欢英国，因为“英格兰”三个字代表着母亲的来处，使她联想起蓝天下的小红房子，而法兰西是微雨的青色，像浴室的瓷砖，沾着生发油的香，虽然母亲黄逸梵一再告诉她英国是常常下雨的，法国是晴朗的，可是依旧没有纠正张爱玲最初的印象。

一个早慧而敏感的孩子，她成长的道路一直被细雨倾洒，忽然有一天被阳光攻占了一角，她会显得格外珍惜，如此贪恋阳光的味道。她开始比较像一个正常的、得人宠爱的好孩子那般乖巧起来。学英文，学钢琴，学画图，黄逸梵告诉她，画图的背景最忌讳用红色，背景看上去应有相当的距离，红的背景总觉得近在眼前；她同母亲一起看电影或是听音乐会，母亲叫她不要出声，她便端坐着一动不动，完全是一个西式淑女的风范；她们也会在花园里散步，讨论英国和法国的天空有什么不同，空气中充满着西式的浪漫，回到房间，黄逸梵会拿起《小说月报》看，有一次上面登了老舍先生的小说《二马》，黄逸梵坐在抽水马桶上看，一面笑，一面读出来，张爱玲就靠在门框上笑。

在母亲创造的这一种气氛里，她学会了一种“优裕的感伤”，看到书里夹的一朵花，听黄逸梵说起它的历史，竟会掉下泪来，黄逸梵见了对张子静说：“你看姐姐可不是为了吃不到糖而哭的。”

张爱玲笑了，世界上还有比真诚、充满爱心的话更温暖，更幸福的吗？没有了！再也没有了！那一刻，世界是美的，花是红的，空气是清新而醉人的。张爱玲祈祷这样的日子永远继续下去，如果她的愿望实现了，那么这世上就会多一个美满的家庭，但或许会少一位深刻的作家。如果让我来选择，我希望是前者，温暖一颗孩子的心比什么都重要。

可惜老天并没有听到这个孤苦女孩子的祈祷。张廷重从医院回来了，不久又重新抽上了鸦片。他根本就戒不掉，因为他的心魔不死，烟瘾就不会死！

毫无疑问，张廷重的世界是悲哀的，他的心爬满了蜘蛛网，结了许多丑陋的结。怀才不遇，便是其中最古老，最长久的结。他看不清这个世界，看不清自己，面前的路似乎错综复杂，但是他不知该走哪一条。他每天畏缩在椅子上，靠着吗啡来麻痹，幻想旧王朝重来之日；和妻子的矛盾是旧结上又攀索了新结，有个美丽聪慧的妻子是男人的福分，但这个妻子个性刚硬，原则分明，与丈夫的思想、看法完全南辕北辙，那便是危险的信号了，慢慢堆积就会成为婚姻的冤孽。

望着天使般的妻子，张廷重只想到一个大家族通常惯用的方法来解决，那就是金钱约束！自古留下的家族生存法则里明确地写着，血脉的亲疏并不是最重要的，资产和权位才是关键，张廷重曾被兄长挟制过，所以亦打算用这一招剪断妻子远飞的翅膀。

他想尽各种理由不肯拿出生活费来，叫妻子贴钱，把她的钱逼光了，那时想走也走不了了。

黄逸梵马上看清了张廷重的小伎俩，两夫妻再度开始了无休止的争吵，比赛似的砸杯子，砸家具。张爱玲再次陷入无助的黑暗的深渊里。每当父母争吵，佣人们就会把小姐弟拉到花园里静静地玩，不要出声。春暮迟迟，太阳的余光斜洒在身上，刻骨的冰凉，张爱玲听着楼上的争吵声越来越响亮，她和子静会惊怯地面面相觑，都不敢说话。

阳台上挂着绿竹的帘子，风一吹，像绿色的大海，母亲的哭泣是大海里最最无助的凄凉。月光从厚厚的云层里走出来，柔柔的光线照在沉寂的庭院里，张爱玲的心再次被冰冷覆盖，不知道自己什么时候可以逃出这个冰冷吵嚷的噩梦。

在黄逸梵和张廷重的争吵里有一条是关于张爱玲求学问题的。黄逸梵坚持送她去学校受教育，在此之前，张爱玲和张子静一直在家里由私塾先生教学，主要是教认字，背诗，读四书五经。而黄逸梵在欧洲游学四年，受到西方思想的影响，坚持认为新式教学才是科学的多元的教育，执意要送孩子进新式学校。

张廷重则坚持不同意，他骨子里遗传着太多陈旧的东西，女子无才便是德，何况洋人办的学校有什么好的，让女儿跟她的母亲一样，满口英文，满世界乱跑？有那份钱还不如买两口烟抽。他的世界被厚重的乌云覆盖着，“责任”两个字早被压缩成迷离的水汽，在那里孤零零地发着抖。他完全无视的同时，将钱财安排得公平合理，逛堂子，抽鸦片，玩女人，生活完美得无可挑剔。

他的自私和毫无责任叫黄逸梵伤透了心。然而张廷重终究没有争过妻子，有一天他上楼休息的时候，黄逸梵像拐卖一样地拉着女儿的手，偷偷从后门溜出去，径直到了黄氏小学报名处。在填写入学证的时候，她犹豫了一下，支着头想了片刻说：“填个什么名字好呢？张煐这两个字叫起来嗡嗡的不甚响亮——暂且把英文名字胡乱译两个字吧。”于是，便随手填写了“张爱玲”三个字。

张爱玲一直都记得母亲拉着她手偷跑出来，与那个斜着头取名字的样子。而不久，黄逸梵再次签了一个字，那就是跟张廷重正式签字离婚。

离婚自然是黄逸梵提出的，并请了外国律师，张廷重起先是不愿意的，签字那天也还斯斯艾艾地磨着时间，直到黄逸梵说：“我的心已经像一块木头了。”这句话叫张廷重十分受伤，便也签了字。

张爱玲和弟弟子静都归张廷重监护和抚养，但黄逸梵在离婚协议里，坚持张爱玲日后的教育问题——要进什么学校，都需先征求她的意见，教育费用则由张廷重担负。

这里并不是母亲太偏爱张爱玲，而是她认为子静是个男孩，张廷重不会不叫他接受好的教育，没想到她一方的相信却耽误了子静一生的学业。

一个短暂幸福的家就这样破碎了。自此之后，张爱玲跟童年挥手说再见，并在日后说了叫人刻骨铭心的话：“乱世的人，得过且过，没有真的家！”

家？究竟什么是家呢？家里的成员都是血缘至亲的人，他们应该互相关爱，互相依靠，彼此取得温暖和灵魂的安静。而父母是孩子的榜样，教会他们如何爱，如何面对这个纷乱的社会，如何选择自己该走的路。

张爱玲的世界里没有爱，如果说她是父母欢愉过后的产物太过冰冷，但我们又能说她什么呢？她感觉到过家庭的温暖吗？她知道什么是爱吗？在满满鸦片朦胧的房间里，幽暗肆意生长，爬满了脚，爬满了心。当她走在回廊里，那单薄的背脊可否叫张廷重和黄逸梵感觉到羞愧？我想他们不会，因为他们根本就看不到——一个忙着布置自己的新家，一个正被鸦片麻醉着。渐渐地，日子久了，感觉到鸦片已经不能麻木他的苦闷，张廷重开始打吗啡，并雇佣了一个男仆，专门替他装烟打针。

起风了，阳光又被厚厚的云朵埋藏起来，张爱玲来到了杨树下。那里的雀妈妈正在小心翼翼地喂宝宝吃小虫子，张爱玲的泪轻轻地，轻轻地滚了下来。她比什么时候都渴望自己就是那只小麻雀。

第二章

忆几许寒暑

林中小雨

父母离婚了，张爱玲从此有两个家。一个是“庭院深深深几许”的洋房别墅。那里绿草茵茵，烟雾缭绕，阳光被染成梦样的颜色。只有寂寞的时候才会抱着张爱玲，坐在摇椅上。偶尔他们会谈谈亲戚间的笑话，张爱玲望着父亲，忽然感觉张廷重老了，他的脸上满是沧桑，怀抱都是鸦片的味道，她感觉不到温暖。时间久了，心就会沉下去，沉下去，沉到深不见底的枯井里，井的四周都是滑溜溜的水草，抓在手里，黏黏的，湿湿的，让人想爬出去都充满无力的挫败感。

姑姑张茂渊受不了哥哥张廷重的行径，也跟黄逸梵一起搬离了张家，在赫德路租了公寓。她们买了一部白色的汽车，用着白俄司机，还雇了一个法国的厨师，简直就是一个小型的联合国。她们的房间相当大：有一个大客厅，两个大房，两个大卫生间，一个大厨房，外加一个小卫生间及一个备菜间。这个房子是专供旅沪外国人和高等华人居住的，房租奇贵。

张茂渊不满意家具店的家具，故而房间陈设及地毯都是自己设计的，充满了欧式味道。纤灵的七巧板桌子，轻柔的颜色，奢华的瓷砖浴盆，明朗可爱的宾客，无论在精神上还是物质上都打着进步文明的标志，那里的花是红的，空气是清新的，懒洋洋的阳光斜照着水珠的轻盈。

张爱玲的世界被强行分割成两半，光明和黑暗，善与恶，美好与阴沉。对于一个年幼的孩子而言，这样一种感受的形成对其影响是相当深刻的。一个人既然日益感到现实世界的不完美，不善与不快乐，她就越发坚持心中的那份美好，维护这单纯的快乐，不肯轻易妥协。张爱玲日后的唯美主义态度，从那时已经在灵魂深处慢慢萌芽了。

那时，张爱玲还曾天真地接受了两个家的事实，天真地希望只要能维持下去也可以。毕竟亲人还在自己身边，起风了，下雨了，还有院落叫自己停歇躲避，不管这个保护伞是否强大温暖总比没有来的好，不是吗？可命运真的是个很可耻，很残忍的家伙，不管张爱玲的要求多么渺小，它都不曾满足。黄逸梵再次动身去了法国。

临走之前，她去黄氏小学看了张爱玲。在空落的校园里，张爱玲的表情麻木而迷茫，望着面前这个美丽的女人，她忽然感觉好陌生，好模糊。她管这个女人叫妈妈，她是她延续的骨血。可是，不管做什么，她从来都没征求过自己的意见，没考虑过自己的感受。为什么？难道她真的那么不重要吗？张爱玲的心被世界上最钝的刀凌迟着，一点，一点，血肉模糊。

黄逸梵没有看到张爱玲的伤楚，她脸上依旧带着高雅的微笑，她不了解这个孩子，她只知道事情可以这样光滑无痕迹地解决，一点麻烦也没有，是值得庆幸的。

亲情亦可单薄如纸，不知道是人类的悲哀，还是对人性的讽刺。黄逸梵走了，张爱玲在校园里，隔着高大的松杉，远远望着那关闭了的红铁门，心里的酸涩慢慢地蔓延上来，终于在寒风中大声宣泄。风，吹起了发，带起纷飞的林叶，亦吹干了泪，冰凝了心。张爱玲在那里站了很久很久，直到腿麻了，脚酸了，亦不曾离开。昂首望着天，阳光已经退回云层里，一切灰蒙蒙的，带着可笑的苍凉。张爱玲慢慢勾起嘴角，终于回到了教室里。

或许，那个时候张爱玲不能了解父母当时的“难处”，黄逸梵和张廷重也没花力气去感应孩子的心伤，他们是最亲近的人，却如夜空中最遥远的寒星，没有交接，没有关注，又何谈了解。

了解是一个好深奥的词语。我们经常说父母不了解我们，因为年代不同，有代沟，被层层云雾所遮掩。但关爱就像明媚的阳光，可以轻易冲破云层，营造着融洽的气氛。在孩子冷的时候，轻轻加件外衣；在孩子受委屈，被打击的时候，静静的一个拥抱，都可以散发出温暖的光芒。他们说人之初，性本善，可是很多时候，人之初，性本私，我们只能自私地看到自己的痛，自己的无奈，自己的利益，所以才会有家庭的悲剧与历史的黑暗。

寒假的时候，张爱玲会制作圣诞卡片和新年卡片，挑来最好的拿去给姑姑，叫她寄给远方的母亲。这是她对血缘之间唯一能做的添补，而悲哀的是，这添补竟然是由一个小孩子做的。在那个安静的房间里，一个单薄的女孩在台灯下挑选着卡片，眼中偶尔闪过的期盼与渴望会点亮她消瘦的脸庞，美得炫目，然而这只是流星一闪，很快淹没在星海里，她会更加落寞，更加忧伤。

我们都歌颂过亲情的伟大，在张爱玲的身上，我们还要歌颂什么呢？时代在动荡，时光在流逝，在这个繁复的尘世里，动的是亲情，逝的是温暖，每个人脸上的表情慢慢地开始麻木，像冰冷的水，一直，一直延伸到心里去。张爱玲的世界被灰蒙蒙的雨雾包裹着，只有墙角的藤枝知道她的落寞与无助。

对此，胡兰成与她交往时曾经说“我因听别人常说学生时代最幸福，也问问爱玲，爱玲却很不喜欢学校的生活。我又以为童年必要怀念，她亦不怀念，在我认为是应当的感情，在她都没有这样的应当，她而且理直气壮地对我说，她不喜欢她的父母”。（胡兰成《今生今世》）

如果胡兰成知道张爱玲如何成长的，他或许应该能理解的吧？！这样的父母又有谁会喜欢呢？亲情不单单是依靠血缘来支撑，更要细心与关怀来培育，那样才可以长成不畏风雨的大树，才可以散发出醉人的花香。否则在混乱的光阴里，很可能失去它的本质，变成白纸一样的苍白。我们不想看到珍贵的亲情最终以这样来收场，但是在很多事情面前，我们以为可以改变，最终发现这只是无能为力的笑话。

日子悄悄滑过去，张爱玲继续上黄氏小学，住在学校里。每逢节假日，家里都派司机去接她回来。家，住在康乐村10号，与舅舅家很近，张爱玲和子静经常去那里玩。张廷重虽然和黄逸梵离了婚，但和他们的往来并未受到影响，他们同是靠吃遗产的遗少，都吸食鸦片，两家相处挺愉快。

物以类聚，人以群分，你要把鲁迅放在他们之间，就像在荒山野岭的青石板上放了清雅的梅花，肯定格格不入。纵使梅花有醉人的芬芳却也掩盖不了山野腐烂的潮气，日子久了，只会败了花香。而值得庆幸的是，张爱玲是青松，在风雨中成长，亦学会了适应环境的成长之道。不说，不问，像个飘荡的灵魂，安静做了唯一且相当有效的保护颜色。

那时，张爱玲在学校学钢琴，还请了白俄老师教，一星期一次。但是张廷重认为学费太贵，每次张爱玲立在烟榻跟前要学费，许久，许久，都得不到回答。张爱玲又是极其自尊自傲的女孩子，每次站在那里，心撕扯的痛，感觉自己卑微得就像花园里被践踏的小草。钢琴课就这样不得不断了。

21世纪的孩子，天天背着差不多比自己体重还要重的书包，去奔赴一个又一个补习班。而张爱玲，在动荡的年代，在父亲毫无责任心的状态下，放弃了爱好，只能把更多的时间放在发呆或者读文学书籍上。而值得庆幸的是张廷重愿意看到这样的转变，祖传下来的书多得不得了，根本不需要花钱去买。那些书山墨海，沉积着古老而腐烂的气息，一丝一丝包裹住女孩孤单的身影。张爱玲喜欢，因为安静，亦可以得到心灵的寄托与灵魂的慰藉。如果那时，这唯一的爱好是花钱的话，想必后来我们亦是很难看到，今后这个震撼文坛的传奇女子了。

张廷重曾经给子静聘请过一位六十多岁的朱先生教古文。朱先生性情温和，待人很亲切，张爱玲放学回家后，也常和他谈天说地。有一次，张爱玲找出一部《海上花列传》，书中妓女讲的全是苏州土话（吴语），有些她看不懂，就硬缠着朱先生用苏州话朗读书中妓女的对白，朱先生无奈，只得捏着喉咙学女声照读，她和子静听了都大笑不止。她对《海上花列传》的痴迷也是从那时开始的。

从此，张爱玲更加迷恋上了书籍，《红楼梦》《三国演义》，她都看，她还照着报纸副刊的格式，自己裁纸，写稿，自己画插图，弄得很像模像样。在“一个人的游戏”里，张爱玲的寂寞才能稍稍被释放，在这样安静的空间里，张爱玲用她的童心寻找着依稀的欢乐。而就在那时，张爱玲的文学天赋开始展露，并得到众多老师的赞赏。

张爱玲在1931年升入圣玛利亚女校。她的第一篇变成铅字的短篇小说《不幸的她》，便是发表在校刊上；次年又发表了第一篇散文《迟暮》，全校皆惊。

后来的很多年里，“张迷”们一直以为张爱玲1940年的参赛作品《天才梦》是她的处女作，而她自己也曾在女作家座谈会上这样说过。然而张学“打捞”专家陈子善先生却在1932年的《风藻》校刊上发现了小小说《不幸的她》，这是至今为止见到的张爱玲最早印成铅字的作品。

校刊成了张爱玲最早的舞台。此后几年，她又接连发表了《秋雨》《论卡通画之前途》《牧羊者素描》《心愿》《牛》《霸王别姬》等，已经清楚显露不同凡响的文学天赋，尤其《霸王别姬》一文，她的国文老师汪宏声先生曾经给予高度评价，称其“与郭沫若的《楚霸王自杀》相比较，简直可以说是有过之而无不及”。

1934年，张爱玲从黄氏小学升到了圣玛利亚女中高一年级，在那里，她开始有了对自己未来的设想。她的计划像蓝天上的海燕，有着宽阔的大海，自由地翱翔，她想中学毕业后到英国去读大学；想学画卡通画片，尽量把中国画的作风介绍到外国去；她要比林语堂还要出风头；她要穿最别致的衣服，周游世界；她要在上海买房子，过一种干脆利落的生活，那里阳光明媚，完全没有腐烂的气息。

无疑的，张爱玲的理想明显带着黄逸梵欧化生活方式的痕迹，与母亲短暂的相聚成了她记忆深处不可磨灭的影子。然而，张爱玲的理想还未及实行，家里又发生了大事。

张廷重又要结婚了。

在西方童话世界最出名的就是《白雪公主》的故事，美丽的白雪公主面对拥有魔镜的继母，有七个小矮人帮助，但是张爱玲身边什么也没有。母亲走了，姑姑走了，整个大宅院里只有年幼的弟弟和年迈的何干，她试图抓紧他俩的手形成反抗的力量，可风轻轻一吹，就轻易散开，飘落无痕了。

张爱玲再次来到了树下，那里的小麻雀已经长大成人，离开了这里，只有鸟巢安静地，孤单地耸立在树枝上。

原来世界上的一切，发生时没有预知，结束时没有留恋。张爱玲眼眶湿润了，她伏在铁栏杆上绝望地想，如果那个女人在这里的话，对自己也是充满排斥的吧，恨不得一把推下去，一了百了。

黄昏的晚霞静静斜射下来，天空一片失火的红色，绚丽的，惊心动魄的，好像要将整个世界吞没。而人在这片火云下，显得如此可怜且微不足道，根本无处可逃。

他们说孩子的心都是敏感的，可以预感到未来，如果那时张爱玲已经感觉到家里起火了，她会很危险，但是毕竟亲生父亲在身边，她没想到最后会延发到如此凄惨决裂的地步，更没想到会轻易地烧到了她的脚，吞噬了她的心，把原本就阴郁的记忆抹上了惊心的沉闷，像严冬里最凌厉的刀子，一点一点，把她灵魂深处残留的渴望和热爱狠狠割切下来，削毁无痕，导致她最终死里逃生，赤裸裸地独自站在天底下。

我欲焚烧

其实细细想来，人和人之间的关系真是错综复杂，烦恼无比。就好像茫茫大海中的浪花，一朵一朵，一涛一涛，层出不尽，硬生生地跌进凡尘世界，推不开，拒不掉，时间久了，交接多了，慢慢编织成我们所熟悉的爱恨情仇，红尘俗事。

而这个大家族注定要在中国历史上最黑暗的时期，演绎最极致的经典。以前有个李鸿章，轻轻跺下脚，就会风云变色，血色漫天；后来出现一个张爱玲，轻轻几个字，叫多少人痴狂迷恋，追捧不已。亦因为如此，她的继母孙用蕃跟着出了名，成了民国时期具有代表性的恶母形象之一。

孙家是名门望族，孙宝琦是清末有名的人物，做过清末山东巡抚，驻法德的公使，北洋政府国务总理。一共一妻四妾，子女24人，孙用蕃是他第七个女儿。与孙家联姻的都是有权有势的大家族，比如大清朝的庆亲王，做过北洋政府总理的钱能训，以及袁世凯，冯国璋，盛宣怀等等。

和这些人比起来张廷重分量稍微轻了点，但1933年房地产行情看涨，张廷重遗产中有一条街的房产，他立刻变得非常富有。而当时孙用蕃已经三十六岁，是陆小曼的闺中好友。据说很是精明干练，善于治理家务及对外应酬，可就是脾气不好，又染上了阿芙蓉癖。所以年纪老大还待字闺中，她那样的出身又不容她过于下嫁，一来二去地，便给张廷重做了填房。

订婚仪式于1934年夏天在礼查饭店进行，婚礼则半年之后在华安大楼举行，张爱玲是和姑姑张茂渊，表姐们一起参加的。那一年她十四岁，一个敏感且充满灵性的女孩子。在整个婚礼中，她始终一言不发，沉默地面对张廷重和孙用蕃忙碌轻捷的身影。她和继母的眼光会在不经意间碰撞到一起，谁都不会闪躲。张爱玲的沉寂如水，静静隔开了彼此的距离。而孙用蕃的凌厉似冰，冷冷的冰凝了那火云，也冰凝了张爱玲的心。

那一刻，张爱玲就非常清楚，自己将要面临的是一个什么样的世界。她是自己的继母，不是母亲，母亲都可以远走高飞，孙用蕃更没有义务和责任，给予她和弟弟子静温暖。人生都是公平的，谁都不能强迫索要别人的爱。何况她们本来就是两个不同世界，不相干的人，仅因另一个人被生生绑在一起，除了本能的排斥和厌恶外不会有其余的情绪。

张爱玲曾经说过用一种罗曼蒂克的爱，来爱着自己的母亲。想来那里更多的该是对母亲生活形式的向往吧！可以自由地飞翔，可以做自己想做，愿意做的事情。人性本如此，没有得到的事物就像闪耀的宝石，任何人都想得到。每天清晨都朝着那个方向奔跑，每个子夜都枕着梦想入睡，尽管生活里有太多太多的不如意，有了这份渴望便有了前行的动力。

张爱玲的心被残酷的现实硬生生分割成两半，一半朝着母亲遗留的足迹奔跑，一半安于宿命的生活。在那个阴沉的房子里，慢慢环起脚，慢慢缩成一团，像只小小的寄居蟹，妄想用沉默编织的外壳，来抵御外界冰冷的凉。

起风了，树叶纷纷洒落，细细碎碎，影影点点，满是细雨的忧愁。张家随着后母进门的脚步，措手不及地发生了很大的变化。她不但抓紧日常开支，并且对佣人也进行了调整。张家原先用的几个佣人被辞退了，孙家的几个男女仆人被补充进来。

一朝天子一朝臣，老祖宗留下的法宝，方便掌权人的治理和约束。坐在太师椅上，身边围着听吩咐的丫鬟奴才，让人不能不想起《红楼梦》里的王熙凤，很是风光。孙用蕃想着都会偷笑，开心的同时她并没有忘掉张廷重。女子当家说难不难，说易不易，主要看她身边是什么货色的男人，孙用蕃是何许女子，早就看清了张廷重几斤几两，在他刚要开口的时候，轻手轻脚地就攻了他的，也是自己的软肋，就是"同榻之好"。

孙用蕃也是多年的老烟枪，练得一手烧烟泡的好手艺，这一刻的温柔已经抵过了万般泼辣，万般不是。何况，她在张廷重吃喝玩乐上，表现得相当慷慨。女儿买新衣服的钱没有，可旧车换新车的钱刚刚好，张廷重相当满意，他四处悠哉乱逛的时候，绝对不会看到，风雨中张爱玲孤零单薄的身影。

在很多时候，中国人相当习惯把男人的种种不对，推说成粗心，一种很宽容的解释，而很多时候我也必须承认，男人是不拘小节。但最起码，不管是在社会上，还是家庭里应该叫人感觉到他的责任，他的爱。这些在张廷重身上都没有！就算他偶尔会拿着张爱玲办的副刊给亲戚们看，也只是他小小的虚荣心在作怪，他帮张爱玲的《摩登红楼梦》填写回目，不过是一时兴起。他的心在鸦片的长期熏制下，长满墨绿的毒草，一点一点腐蚀身边纯净善良的生命，不见别人哭，只愿自己笑。如果没有那赖以生存的遗产，他又能算什么呢？

一个毫无责任心的父亲，一个刻薄阴鸷的继母。张爱玲的生活不能不变差，她只能捡继母剩下的衣服穿，她不能忘记的是一件暗红色薄棉袍，碎牛肉的颜色，穿不完的穿，“就像浑身都生冻疮；冬天已经过去了，还留着冻疮的疤”。（张爱玲语）一次在舅母家，舅母拿一些表姐穿过的旧衣服给她，张爱玲的眼泪滚下来，曾几时起，轮到李鸿章遗脉被周济了，不知道那老爷子地下有灵会有何感想？

起风了，树叶纷纷，张爱玲走在贵族化的教会学校里，周边的女孩子打扮得艳丽时尚，像花园里纷飞的蝴蝶，任性地享受着温暖，她们的笑一声声落在张爱玲的心里，慢慢磨成茧，结成疤。张爱玲只能昂头望天，把那无地自容的自卑感和疯狂蔓延的水雾，一起硬生生地吞进肚子里。她告诉自己，这一切不值得换取她珍贵的眼泪。

后来，孙用蕃开始觉得现在的洋房太狭小，没有气派，主张搬家，正好张爱玲二伯名下的一栋别墅空了出来，位于麦德赫司脱路，本来是李鸿章给女儿的陪嫁，不止父亲、姑姑，连张爱玲和子静都是在这个沉郁的大宅院里出生的，它就代表着张家的年谱。

张爱玲很不喜欢这个别墅。但是她的情绪在那个家庭里根本不重要，不管房租多昂贵，不管多奢华宽阔，孙用蕃坚持要搬，因为她嫁的是李鸿章的后代，自然要住进李鸿章的物业里去。还有一点就是以前那个地方有太多黄逸梵的影子，是她无法接受的。

孙用蕃很喜欢跟黄逸梵相比，时常说：“她喜欢油画，认识蒋碧薇，那有什么了不起，我同陆小曼还是朋友呢！”从此客厅一直挂着陆小曼的油画瓶花。

人都是自私而虚荣的，缺少什么就用尽全力找来可以填充的东西，殊不知这样幼稚的行动在聪慧人眼中，相当可笑可悲。她是换了画，换了房子，但是她始终换不了的是她身为填房的身份与两个子女的爱。

张爱玲和子静不爱她。幸亏张爱玲已经上了圣玛利亚女校，只有周末回来，可子静不行，他只能一直在那房子生活，长大，苟且偷生。在孙用蕃的管押下，益发柔弱多病，腼腆苍白，并荒废学业，游手好闲。他在终日因为鸦片而烟雾弥漫的家里所发生的性格变化和心里畸形，更叫张爱玲感到阵阵的冷。

有一天在饭桌上，为了一点小事，张廷重打了子静一个嘴巴，动作熟练而轻快，子静身子猛然一僵，原本苍白的脸色更加苍白，接着泛起一丝红晕，然而他什么也没说，只是低着头继续扒饭。坐在一旁的张爱玲却大大地震动了，只觉那巴掌打在了自己的心上，连呼吸的能力都一并收去。她手指冰凉，头脑嗡嗡作响，拿着饭碗挡着脸，泪，一线滚落，孙用蕃不以为然地讪笑着："又不是说你，哭什么？"

在这个冰冷的房间里，长满了屈辱的刺。张爱玲再也忍受不了，丢开饭碗，冲进隔壁的浴室里，锁上门，无声地抽噎着。父亲的凉薄，子静的孱弱与麻木，孙用蕃的无耻卑劣，母亲的一去不归，自己的无能为力，都像交织的丝网，彻头彻尾地笼罩着张爱玲。她只能恨，恨这所有的不公平，也恨不公平下两个颤颤爬行的生命，谁该对他们负责，谁该给他们温暖和关爱？那时候张爱玲真想痛骂老天爷，他眼睛瞎了吗？看不到一切的悲哀吗？

张爱玲立在镜子面前，看着苍白的脸，看着眼泪滔滔与眼底狂烈如火的仇恨，她要报仇！总有一天她会叫孙用蕃知道被侮辱的滋味。总有一天——

浴室的玻璃窗临着阳台，啪的一声，一只皮球蹦到了玻璃上又弹了回去。子静在阳台上踢球，他已经忘了刚才的事，或者对于这一切他已经习惯了。凉意从脚下升起，爬满了心，张爱玲僵硬着，泪慢慢地，慢慢地干了。当月光缓缓照射进来的时候，张爱玲只觉得寒冷的悲哀。她满心仇恨的火变成无力的水，一波一波，飘飘荡荡，她忽然明白了，什么叫欲哭无泪！

前途茫茫

1937年，张爱玲从圣玛利亚女校毕业，同时她母亲黄逸梵再次回国。张爱玲提出了去英国留学的要求，如她所料，父亲张廷重一口回绝了，不为别的，还是经济的原因，口吻可怜却面容炫耀地说着家道没落，前景凄凉。

张爱玲静静退出了被鸦片笼罩的房间，家里换汽车有钱，换宠物有钱，逛窑子有钱，但是付女儿的学费就该没钱了。张爱玲早就看透了，在这样的大家族中，血缘不重要，亲情不重要，金钱和权力才是生存的法宝，至关重要，不可丢失。可为什么张爱玲却还是感到心如刀割呢?

“什么都可以‘忘了’，只别连我也‘忘了’。”这是她在校刊毕业生留言栏里留下的足迹，她忘不了，也回不去。

1937年，对于整个中国来说都是一场大的悲剧，对上海尤甚。“八一三”事变，抗日战争爆发，日军进攻闸北，国民党部队从上海连夜撤退，上海沦陷，成为了“孤岛”。

在战火纷飞的年代，生命如草芥，每一秒都会有人死，每一秒都是一个灾难。有人在高喊抗日救国；有人在奔波逃命；有人缩头缩脑过自己的生活；亦有人在没枪声的租界里，花天酒地，奢华无度。

在这个繁复的世界里，人有千种万种，我们无力去责怪什么，只能呼唤人性中本存的那份良知的苏醒。张大眼睛，看清楚，什么是狗？什么是人？什么是亡国奴？清清楚楚选择好自己该走的路，走好，走远。在黑暗的灾难中，点起一点星星之火。

他们说爱国，但究竟什么是爱国呢？想来爱国应是一种行动，有效了叫爱国；无效，叫枉死。更残酷点或许还会被带上愚蠢的帽子，茶余饭后被人冷冷嬉笑一番。尽管如此，在那个战乱的年代还是有人坚持地冲上来，在黑暗中，艰难寻找光明的方向，直到血流干，泪流尽，跌倒在曙光初现的地平线上，祈祷还有人愿意选择这样艰难的路。

那一年张爱玲十七岁，宛如六月的鲜花，带着醉人的香，但是风雨无情，她的世界亦被灾难打碎，只是这一切不是战争带来的，而是家里，那么措手不及地割掉了她体内残留的最后一点亲情。

亲情是什么？人性又是什么？其实看着这两个沉重的话题，真的想报以嘲讽的微笑。亲情是爱，人性是自私。但张爱玲的世界里，亲情是冷漠，人性是扭曲。张廷重从来没关心过自己的女儿，他习惯女儿没有笑容的脸，在房间中荡来荡去。但是黄逸梵回来时，想跟他谈谈女儿求学的事，张爱玲便会微笑了。他受不了，他实在不懂，就是养条狗也不会背叛得如此快速吧？！他心里很是不平衡，孙用蕃更在旁边冷嘲热讽，对黄逸梵大加挖苦：“你母亲离了婚还要干涉你们家的事。既然放不下这里，为什么不回来，可惜迟了一步，回来也只能做姨太太了。”

这样的唇枪舌战，张爱玲只能望风而逃。她借口炮声终夜不断，睡不着，和张廷重商量去姑姑张茂渊那里住几天，张廷重明知所谓去姑姑处其实便是找黄逸梵去，但碍于面子，不想人说他小肚鸡肠，也没加阻止。

张爱玲走的时候跟张廷重说了，但忘了跟孙用蕃说一声，这让她很是恼怒，认为张爱玲眼里根本没自己，所以两个星期后张爱玲回家，孙用蕃劈头就问："怎么你走了也不在我跟前说一声？"

刷地一个嘴巴就打过来。当时张爱玲已经十七岁了，表面沉静如水，但骨子里满是冰的尖锐，自尊心相当强，冷不丁地挨了一个嘴巴，本能地就要还手，却被两个赶上来的老妈子死死拉住，这下可不得了了，孙用蕃利落地转身奔上楼，刺耳地嚷道："她打我，她打我！"

张爱玲哪里遇见过这样的阵势，一时怔住了，一切发生得太快，太突然，叫她还没反思的机会，但隐约的，早熟而敏感的张爱玲立刻意识到将要发生什么，她的脸色白了，一切太快，躲也躲不过。

张廷重拖着拖鞋啪嗒啪嗒地冲下楼来，不由分说地揪住了张爱玲，拳脚交加，吼道："你还打人，你打人我就打你！今天非打死你不可！"一脚接着一脚，把多年以来，自己怀才不遇的失意，把对前妻的恨全部都发泄在这个他看来眼里只有母亲没父亲的女儿身上。

张爱玲只记得她的头一会儿被打到这边，一会儿被打到那边，记不清次数，她感觉耳朵都要震聋了，心里残存的对父亲的爱被打碎了，跌落在地上消失无痕。张爱玲没有求饶，没有挣扎，她一直看着张廷重，充满了愤恨、悲哀、幽怨，那眼睛燃烧着火，跳跃着火，像要吞噬掉万事万物一般，张廷重更加愤恨，打得更加疯狂。

张爱玲那幼小的嫩草般的身躯，在无情的“铁蹄”下颤抖，她咬紧牙关，忽然想起了母亲黄逸梵的话：“万一他打你，不要还手，说出去总是你的错！”

原来，她已经料到会有这样的一天，那么你为什么还要离婚呢？妈妈，难道我不可爱吗？弟弟不可爱吗？你就这样放开了我们的手？妈妈，请您睁大眼睛，看清我跟子静的生活吧！我们该有的幸福童年呢？我们该有的读书权力，做人权力呢？我们连家里养的狗都不如，如果早知道这样悲惨地活着，宁可在出生的时候，就被一把掐死了，那样总比这样长期被践踏好过些！

不知道是谁说过，心痛到极点就是麻木，那么身体痛到了极点也会丧失本能的反应，张爱玲感觉不到痛了，她被打得满地打滚，但仍大睁着眼睛，仇恨地看着整个房间，那些陈设从来没有如此清晰过。下着百叶窗的暗沉沉的餐室，没有金鱼的金鱼缸，白瓷缸上细细描出橙红的鱼藻，墙壁上还挂着陆小曼的油画，这个房间充满着镶金带银的陈设，但是好冰冷，一点点亲情都没有。

张爱玲笑了，低低地。

穿着各色绣花鞋、黑布鞋、牛皮鞋的脚在面前往来，满屋子都是人，可是没有一丝一毫的人味，都在那里欣赏她的被打。

张爱玲笑出声来，嘲讽的，悲哀的，张廷重的手脚没有停止过。时间一分一分地滚过去，张爱玲不动了，慢慢地，她不笑了，她闭上了眼睛。张廷重才气哼哼地住了手。上楼之前，冷冷地丢了一句话："把她关起来，没我的话，谁也不许放她出去，谁敢放了她，我扒了谁的皮！"

张爱玲从地上爬起来，很痛，原来她还活着，该庆幸吗？张爱玲走到浴室里找镜子，看自己身上的伤，看脸上的红指印，她又想笑了。她走出了房间，往外走，她不知道该去哪里？是去母亲那里哭诉？还是去巡捕房报警？父亲在她眼里全然成了陌生人，甚至连普通的路人也不如，他打她，可以，而她报警亦是可以的！张爱玲要用法律的手段来制裁他。她走到大门口时，看门的巡警拦住了她："门锁着呢，钥匙在老爷那儿。"

原来，他已经料到她会跑出去，真是道高一尺，魔高一丈。张爱玲此时满心的悲愤，像熊熊燃烧的火焰，必须发泄一下，否则她会被自己心里的火烧死的，她对着巡警又叫又闹，把大门踢得砰砰乱响，企图引起铁门外岗警的注意，但是毫无作用。

夜冷如水，月亮悄悄躲在云层里偷笑，风吹过来，带着刺骨的冰凉，张爱玲住了手，她累了，好累好累，她只能走回屋里来。张廷重一见她，又气炸了，拿起一只大花瓶就向着她扔过来，张爱玲动都没动，那一刻，她突然希望这个花瓶可以打死自己，一了百了，可是它偏偏歪了点，击在地上，四分五裂。

何干惊得魂飞魄散，只怕又再打一顿，忙忙拉着张爱玲进房，看着她，何干的眼泪就下来了："你怎么弄到这样的呢？"

这个时候，张爱玲的眼泪真的再也控制不住了。怎么弄到这样的呢？她也想知道，她也想问，可是谁来回答她，母亲吗？张廷重吗？老天爷吗？还是命运？谁都不能回答自己，她活该！张爱玲抱着何干痛哭出声。其实她知道，何干心里是责怪自己的，何干爱惜她，替她胆小，生怕她得罪父亲，受一辈子的苦，可是就是每天小心翼翼的，张爱玲幸福了吗？

当天，忧心忡忡的何干就偷偷给张爱玲的舅舅打了电话。第二天舅舅和姑姑张茂渊来为张爱玲说情，顺便再提她去英国留学的事情。谁料，刚一进门，孙用蕃就冷冷地笑了："是来捉鸦片的吗？"结果说情无效，反被讽刺，张茂渊很不平，就和张廷重你一句我一句地吵起来，最后兄妹二人竟动了手，张茂渊脸上受了伤，眼镜也被打破，血流不止，舅舅使劲拉开，送她去医院。临走前张茂渊发誓："我以后再也不踏进你家的门！"后来，在医院缝了六针，再也没登过张家的门，纵使张廷重去世那天，张茂渊都没多看一眼，大家庭的人情淡薄如此，不知该悲哀还是该无奈。

他们走了，孙用蕃得意了，何干更忧心了，张廷重把张爱玲关进楼下一间空房子里，下令除了照料她生活起居的何干，不许任何人跟她见面，交谈，连子静也不准去，并气势汹汹地扬言要用手枪打死她，还吩咐看守的两个门卫，务必看着她，不许她走出大门。

一夜之间，家里外面都成了叫人毛骨悚然的战场。阴霾的空气，绵绵的细雨，像无穷无尽的黑色巨网，压得人无力喘息，张爱玲被关在一楼的房间里，窗外种满了树，毫无羞耻地郁郁葱葱，试图遮挡住阳光，可惜它不够茂密，阳光还是努力地从树叶间隙漏出来，隐隐约约，跳动鬼魅的舞蹈。

阳台上有木的栏杆，张爱玲总会紧紧捏住，仿佛木头上可以榨出水来，她昂头望着天，那里有飞机在飞行，她真希望有一颗炸弹丢下来，就是同自己最恨的人一起死，她也愿意。

十七岁的爱玲满脑子都是死亡的影子。阴郁的屋子，阴郁的心情，张爱玲得了痢疾，上吐下泻，虚脱无力，一日比一日虚弱，死亡的影子慢慢从角落里生长起来，恣意蔓延，爬上了张爱玲的手脚。

何干心急如焚，眼看小姐命悬一线，她却无人求援，万般无奈只能斗起胆子，躲开孙用蕃的耳目，偷偷跟张廷重哭诉，并明确表示如果他不采取挽救措施，出了事她不负责任。何干是张氏姐弟老祖母留下的女仆，说话比较有分量，张廷重亦考虑如果真的出事，背上害死女儿的“恶父”坏名声，也不太好。

张爱玲躺在床上，披散着头发，脸色苍白如雪，虚脱得连话都说不了，只是努力张大眼睛，眨也不眨地望着张廷重，那样清澈，那样凄冷，尽管张廷重的心已经被鸦片灯一点一点烧尽，但尚存的良知叫他感觉到酸楚，他开始注意张爱玲的病，选择消炎的抗生素针剂，乘孙用蕃不在就到楼下给张爱玲注射，病情基本得到了控制，在何干的细心照顾下，张爱玲最后还是恢复了健康。

人们都说，在生死一线爬过的人，对人生都会有另一种感念和看法，何况张爱玲才十八岁，最敏感，人生观形成的最重要时期，她对感情充满了质疑和排斥，她不再相信，血缘那一套骨子里就带来的东西，她觉得这一切在现实面前根本就不堪一击，她要逃出这个地狱般的地方。

何干看出了张爱玲的想法，只能劝她：“千万不可以走出这扇门呀！出去了，就回不来了。”

摸着张爱玲苍白的脸庞，何干的眼泪又下来了，这可是个身世显赫的大家小姐呀，竟然摊上这般纠结的命运，连个普通农家女孩都不如。她不能不揪心，终于吞吞吐吐地说出来："太太（黄逸梵）传话来，要你仔细想清楚，跟你父亲必然是有钱的，跟她，可是一个钱都没有，你要吃得了这个苦，没有反悔的。"又透漏了两个警卫换班的时间。

在生命垂危的时候还能见到母爱的光辉，那一刻张爱玲真的是百感交集，不知道该庆幸还是该悲哀了，黄逸梵给了自己一个选择，但这还需要考虑和选择吗？如果真要问她这个问题应该提前十八年，她会选择不要来到这个世界，但命运弄人，她来了，尝遍了人情冷暖，世态炎凉，她的心被静静的冰覆盖着，她学会了该如何生存，如何面对这个世界。如果说在这一切发生之前，张爱玲还对亲情保有一点点希望，那么被软禁了半年之后，她还会抱有什么幻想吗？若是有，那角落里一直偷窥的蜘蛛都会嘲笑，轻轻合上发黄的书页，望着窗前明月如水，张爱玲知道在红尘凡路上，只有无情无爱，心才不会痛了！她，永远都不会允许自己再心痛了！

夜色中，她偷偷逃出了父亲的家，并在路口跟黄毛车夫讨价还价，完全没在意过被抓回去的凄惨命运，她那么安静，那么理所当然！

那一年她十八岁。

第二章

红梅破清风

昙花一现

那是自黄逸梵和张廷重离婚后，张爱玲第一次真正意义上跟黄逸梵生活在一起。在爱丁顿公寓里，她把自己被虐待和软禁的经过写成了英文，投到了《大美晚报》（Evening Post）发表，这是一份美国人办的报纸，编辑还替她拟了一个很耸动的标题："What a life！ What a girl's life！"

张廷重看到这篇文章后大发雷霆，羞愤难当。知道何干是张爱玲出逃的同谋，把她大骂一顿。不久，这个在张家唯一关心张爱玲的人，收拾自己的衣物回老家养老去了。临走前，何干收拾了一些张爱玲小时候的东西送她留个纪念。其中有一把淡绿的白象牙骨子鸵鸟毛折扇，因为年代久了，一扇就掉毛，漫天飞絮，叫人咳呛流泪。

张爱玲总会昂起头，在飞絮中，回忆着以前的点点滴滴，想象张廷重愤怒的脸，想着孙用蕃势利刁钻的嘴脸，也会想着子静此时的处境和他的没志气，她的心会慢慢收缩。望着窗外烟雨蒙蒙，长久地出神。

日寇已经占领了上海，街上到处走着穿着黄军装的异族士兵，他们的趾高气扬和中国人的懦弱无依形成了强烈的对比。风扫过，带着冰冷的嘲讽，张爱玲身边虽然有雅致的母亲和姑姑，但是她却始终没有家的感觉，寒意四起，默默包裹她的心，瓦解灵魂对家的向往，在空旷的天地间，只有她一人赤裸裸地僵立！

如果这个世界是个纷乱的场所，她既然无力逃避，就只能竭力在这个漩涡里找个安全的立足之地。她从一个幼稚的女孩，变成了充满个人主义的女子，她的世界只有她自己，没有人进得来，她也不屑走到外面的浑浊里。就像十来岁的时候，看了戏出来，在倾盆大雨中和家里人挤散了，独自站在人行道上，瞪着眼看人，人也瞪着眼看她。隔着雨淋淋的车窗，隔着一层无形的玻璃罩。乱世中，她只想自己能安静地，安全地生活着。

后来，听说孙用蕃将张爱玲残留的东西也都送给了别人，逢人就说只当她死了！但是张爱玲并没有死，她的影子充满整个房子，每一个足迹都深刻地提醒着，这个家族是如此的冷漠。

其实，黄逸梵最痛恨的就是张廷重没有责任感，只会靠遗产活着，但是她走遍了大半个地球，寻寻觅觅，最终悲哀地发现，自己竟然也只能靠着变卖祖宗留着的古董生存。每次送走一件古器，她的心会不会充满着悲哀的无力感？

黄逸梵是庶出，父系三代单传，到了她父亲黄宗炎这一代，婚后无所出，于是在长沙乡下买了个姨太太。黄宗炎曾在科举考试中举，承袭了父亲的爵位，出任广西盐法道道台，上任一年即因瘴气病亡，年仅30岁，不久姨太太在南京临盆，大夫人十分紧张，如果是女儿，黄家的香火便要断绝了，结果是个龙凤胎，黄逸梵和弟弟黄定柱。生母很早就去世了，黄逸梵姐弟由大夫人带大，自幼仰人鼻息，小心承欢。1922年，大夫人在上海过世，姐弟把财产分了，黄定柱要了房产和地产，黄逸梵则分了些古董。

这么多年来，她一直在国外飘泊，与子女离多聚少，产生了朦胧的陌生感，真实亦清晰。而张爱玲这次几乎是死里逃生的遭遇，勾起了她身为母亲最初的良知，她极力想弥补，最终却还是以颓然的无力收场。其实并非黄逸梵不爱女儿，只是跟张廷重同样成长在大家庭里，诸事习惯以自我为中心，即便面对子女，也难以做到彻底的自我牺牲。她选择接过抚养张爱玲的责任，在经济不似以往那般宽裕后，就该节缩开支，保证女儿，但她并未如此。

多年以来，黄逸梵交了一个男朋友，是专做皮件的生意人，为了他的事业周转，黄逸梵变卖了所剩不多的古董。也就是说，黄逸梵在张爱玲和子静之外已经有了另外一份生活，并为这个生活割舍了本该属于张爱玲姐弟俩的多年时光来陪伴他。

女人和男人是完全不同的两种个体，他们一个用理智来支撑生命，一个用感性维护呼吸。男人追逐的是面子与利益，女人要的是爱情与温暖。就宛如一株梅花，男人会在总体上看是否美好，女人会为了捕捉那丝缥缈的芬芳，而不惜付出血淋淋的代价。黄逸梵如此，日后的张爱玲亦是如此。

但是此时，张爱玲当然不会想到自己身上，她的心只为母亲忐忑。预料自己跟黄逸梵的生活不会维持多久，事实上她们一生相聚的时间真的不是很多。黄逸梵是浮萍，张爱玲是风，纵使在湖波上短暂相逢，最终也会以告别来收场，谁都无力改变。

他们说人生如戏，入戏就走不出来，每天与不同的人交接，产生不同的心理变化。那里被春水浸泡，繁花似锦，有人会微笑欢喜，恣意欣赏，但热闹中亦会有人看到，风之清扫，雨之漫天，无依无靠，她们会感觉到冰冷，在淡漠中戴起面具，静静地等待着戏的尾声，张爱玲属于后者，她是一个懂得珍惜机会的女子，亦是坚强灵性的白云，飘荡于凡尘俗世间，冷眼静观着整个世界的变化。

时间久了，交接过了，张爱玲敏感地感觉到空气慢慢发生了微妙的变化。她是个爱钱的人，她并不讳言自己对钱的热爱："我喜欢钱，因为我吃过没钱的苦——不知道钱的坏处，只知道钱的好处！"

她无法忘记小时候站在烟榻前，管张廷重要钱付钢琴费的难堪，现在对面的人物换成了母亲。从来离多聚少，无形中形成陌生距离感的美丽女子，张爱玲不能不注意到管母亲要钱的细节，从开始的亲切感，缓缓亦变成了难堪。

何况黄逸梵是西式的温婉淑女，而张爱玲完全是自生自长的小草，两个不同世界的灵魂，其中差异明显而尖锐，黄逸梵失望之余开始重新塑造张爱玲。

她教她做饭，教她用肥皂洗衣服，甚至教她如何走路，如何笑，一切不满意的地方都要纠正，一切学不会的东西都要重新学会。但是最终，她还是失望了，黄逸梵不无痛心地对张爱玲说："我宁愿看你死，不愿看你活着使自己处处受痛苦！"

黄逸梵的失望叫本来就没有自信的张爱玲压抑而不安。她开始用怀疑的眼光看自己，一直以来坚守的人生观、价值观都发生了变化，甚至怀疑自己就是一个藤条，不依靠树木根本无法生存于世间。而子静的到来更是如潺潺的冷水，叫她再次感觉到彻骨的冰冷。

那天，子静来探望黄逸梵和张爱玲，表示不想再回那个家，希望母亲可以收留自己，他看着黄逸梵，满眼热望。但是黄逸梵很冷静，很理智地告诉他，自己的能力只能负担姐姐的，再也没有能力收留他了。

子静哭了，那是张爱玲看到他麻木已久的脸上，第一次出现了失望和悲哀。风，冷冷地吹过来，带起张爱玲纷乱的发，她什么都没说，直接上楼了。那一刻的安慰显得多么的可笑，原来这个世界上每个生命体都是孤独的。谁都帮不了谁，谁都不能依靠谁过一辈子，哪怕短暂的停歇都是冰冷的苍白。

站在阳台上，看着子静孤单的身影，张爱玲的眼眶不由自主地红了。而唯一值得庆幸的，她没有流泪。在子静身上，她看到了自己的命运。她的升学问题迫切地摆在眼前，那是一笔相当不菲的学费，张廷重是绝对不肯拿出来的，而现在的家里窘迫易见，她又该怎么做呢？

钱，看似很俗气，但在很多时候，却可耻地起着至关重要的作用。拿了会满身铜臭味，丢弃就无法生存。这不是什么选择题，是一条人生必然要走的路，简单明确！在那个动荡的年代里，好多人说钱不重要。要爱国，要奋起，那才是中国唯一的出路。的确！我们要爱国，但爱国是有前提的，那就是喝粥咽菜，也得先保证能看到明天的太阳，你连说话的力气都没有了，你拿什么爱国呢？灵魂吗？思想吗？好缥缈的东西？！在这个世界上偏偏又生存着一些自命清高的人，不是没受过金钱的折磨，就是打肿脸，充胖子的虚伪小人。轻轻嗤之以鼻，连嘲讽都不屑给之！

在张爱玲的生活里，她虽有太多的不如意与黑暗，但毕竟是大家出身的小姐，没有受过生活的艰辛，没有走进社会，真实地去感受皇军与华人之间讽刺性的区别，亦或许她根本没想过，这些跟自己有什么具体的关系。李鸿章爱国了，最终背了一世骂名；振臂呐喊的大学生爱国了，日寇一个子弹，他就死了！生命的意义究竟是什么呢？人生必要履行的责任又是什么呢？爱国？离一个出身官宦人家的张爱玲太远了，她只能像普通人一样，想着自己生存的难题，日复一日，当清晨的阳光敲起雪白的窗帘，张爱玲不会微笑，忧郁地望着远方，一片迷茫。

在这个凡尘俗世间，人都是渺小而自私的。每天忙碌，挣扎，无疑只是想过好自己的日子，就算在那个黑暗的旧社会亦是如此。吃饱了，穿暖了，才会有更高层次的追求，谁也别说谁俗气，天底下那么多华人，可最终就出了一个毛泽东，出了一个鲁迅。有人带头，才有少数人跟随，而大多数人还是过着自己的生活。凡尘俗世？挺贴切的词语，我们就生活在俗世里。谁都别自命清高，亦别自责什么，并不是每个人都能成为英雄的！起码张爱玲知道，自己一辈子都成不了！

夜已经很深了，当月亮温存的光辉轻轻斜射进房间里的时候，张爱玲再次把头探出了窗子，冷冷的风带起她碎乱的短发，带起了柳絮柔弱的飘逸，张爱玲的心被迷茫充斥折磨着，无依无靠！

而就在这时，黄逸梵给了张爱玲两个选择。如果她打算早早嫁人的话，那就不必读书，用学费来装扮自己，如果还想继续读书，就没有余钱兼顾到衣裳上，她需要再一次做出选择，但是这个对张爱玲来说亦是不必选择的选择题。

黄逸梵的提议是公正的，在他们这样的望族门第，如黄逸梵讥讽的那样，女孩子“不能当女店员，女打字员，做‘女结婚员’是唯一的出路”，而这样的“女结婚员”在张爱玲看来还不如笼子中的鸟，开了笼，那鸟还有机会飞出来，但她们是绣在悒郁的紫色缎子屏风上，织金云朵里的一只白鸟，年深月久，羽毛暗了，霉了，给虫蛀了，死也还死在屏风上。张爱玲不允许自己去做这样一只鸟。

黄逸梵的提议，宛如一声巨雷劈开了混沌的世界，张爱玲毅然选择了后者，黄逸梵给张爱玲请了老师为她补习数学，让她参加伦敦大学远东区的考试。张爱玲知道这是自己最后的机会，她像抓住一根救命稻草一样紧紧抓住不放。这次，她没有叫黄逸梵失望，更没叫自己失望，以远东区第一名的成绩考上了伦敦大学，但是由于战争爆发，英国不能去了，只能改入香港大学。

香港求学

如果世界是一个大花园，每个人都可以用植物来形容的话，想来张爱玲就该是一株迎风傲然挺立的青松。她感应着风雨的洗礼，感受着心酸与孤苦，但是在艰涩中，她亦能保持清醒平静的心态来适应。她把这个大花园当成了舞台，看透每个人的表情，了解每个人的心性，然后并不选择去接近融入，而是选择站到一个安全的距离之外看着他们来演戏。

张爱玲，一个非常奇特的女子，好像一股淡淡的雾气，游荡在人世间，你却感应不到她的俗气。她是懂得生活艺术的人，懂得看“七月巧云”，听苏格兰兵吹Bagpipe，享受微风中的藤椅，吃盐水花生，欣赏雨夜的霓虹灯，从双层的公共汽车伸出手，摘树巅的树叶，在没有人与人交接的场合她充满了生命的喜悦。那时开始，张爱玲完美的个人主义开始成熟，并逐步根深蒂固。她懂得依靠自己的能力，争取自己想过的独立自由的生活，而香港应该能够给她提供这样一个空间。

1939年的香港，是一个典型的殖民地城市，在那里张爱玲度过了自己一直追求的大学生活。

那年夏天，张爱玲只身远渡，成为香港大学一年级新生。这不是她第一次坐船，却是第一次离开父母，独自远行。墨绿的潮水任性拍打着船舶，像呐喊，像欢歌，亦像叹息，张爱玲孤零零地站在船头，风吹起她的发，耀眼的阳光使她难受地别开脸去，面对海水的苍凉宣泄。

香港对于张爱玲来说是个暂时停泊的角落，但亦是她人生中最平淡安逸的时光，就算那时的世界被战火弥漫，充满着血腥和灾难，可疯狂中从未动摇过这个坚定的女孩子的脚步，她学会了独立，学会了在艰难的环境中，舞起自己独特飘逸的脚步。

来码头接张爱玲的是一个叫李开第的中年男子，他跟黄逸梵和张茂渊都是多年好友，后来成为张爱玲的姑父。38岁，是个工程师。在张爱玲求学期间，他是法定保护人。一路并没有过多的话，这让张爱玲欢喜而安心。李开第送她到宿舍楼下便离开了。

张爱玲打量着这所在自己思绪中翻滚无数次的学校。红的花，绿的草，清风轻轻扫过，带着栀子花的清香。学校坐落在半山腰的法国修道院内，就读的学生大多来自东南亚诸国的富侨人家，上下学都是汽车接送，与这班学生相比，张爱玲已经算是穷学生了，但她发奋用功，连续拿了两个奖学金，轰动整个校园。英国教授佛朗士说他教了十几年的书，从来没给过像张爱玲那么高的分数。有一年张爱玲未得到奖学金，佛朗士竟私人给了她一笔“奖学金”，让张爱玲感动不已。

人就是这样子的，踏着哭声来到这个俗世时，挣扎，迷茫中，殊不知命运已经安排好你该走哪条路。张爱玲就是学习，写作的天才，注定要在文坛上舞动传奇，亦好像毛泽东就是要带领大家翻身解放，求得光明。各人的使命不同，各人的追求亦不同。但有一点是值得肯定的，那就是他们因为这个使命流芳千古，刻在万人心中，而大多数人，都化为尘土，消失无痕了！

不公平吗？其实细想想，还是公平的。张爱玲为了这个流芳千古，飘零异乡，孤苦无依；毛泽东亦是受尽艰辛，一个国家领导人，最爱吃的居然就只是红烧肉，并且还是不常有的，想来此时此刻的普通老百姓亦不至于如此吧？！所以，别在历史上追寻公平，那样你会觉得糖果，甜得都发了咸！

张爱玲很安于现状，起码在这里没有满屋子的鸦片味，没有横眉冷目，拳脚相加。日子平静如水地慢慢滑过，每一分，每一秒都有着寂静的清香，其实大多数人都没有张爱玲的这份安然，大家都在忙着追逐，忙着抱怨，为什么失去的比得到的多？为什么伤楚的比欢悦的多？大家都迷茫，都困惑，没了笑看风云的雅致，没了互相理解、包容的柔情，张开满身的刺，刺伤了别人，最终亦刺伤了自己。

张爱玲也有满身的刺，但她从来不会刺伤别人，她那样安静地生活在自己的世界里。轻轻漫步在校园的树荫下，她会对白云凝望，会对燕儿微笑，她的柔情轻易给予万千事物，却独独对人类这样高级的动物紧闭大门。是曾经的伤害太多？失望太多？还是天性如此？她，似乎已然习惯了孤独！

在校园里，张爱玲最喜欢的就是图书馆。晨风中，静静走进书山墨海，乌木书架散发着冷凝的香气，一丝丝，一缕缕，包裹着宁静的灵魂，张爱玲会选择最偏僻的角落坐下，享受仅仅属于她的时光。

在很多时候，我们不能不承认，人都是独立生存的个体，但人之秉性不同，所形成的空间色彩亦不同，有人生来便会结交到很多朋友，但有人一直孤单，却享受孤单。

而无疑，张爱玲是属于后者的，她生性孤僻，不愿亦很难与人相处；她从来都以自己的喜好为上，而绝少在意旁人的反应；她习惯观察自己以外形形色色的人生世相，却很少产生与人交流的渴望。同学们不懂张爱玲在说什么，张爱玲亦不屑解释给他们听，父母尚不能了解子女，何况是陌生人。人和人还是保持距离的好。张爱玲这样“小心翼翼”地生活着，但是一个同样奇特怪异的女孩子终于敲响了她的心门，引为一生知己。

她叫炎樱，本名Fatima，中文名字直接音译叫做莫黛，“炎樱”是张爱玲给她取的名字。炎炎夏日里，一颗耀眼的红樱桃，形象而逼真。炎樱很淘气，又干脆利落，她和张爱玲一样，同是香港大学里特立独行的人物，只是张爱玲是遗世独立的独，炎樱是独树一帜的独。她们惺惺相惜，成了知己。

其实缘分真是个古怪的东西，像海上漂浮的泡沫，终日与你交接的并不见得了解你之心性，但陌路涌来的浪花点点，稍微一个碰撞，跌荡，都有可能会引发心灵的共鸣，相“撞”恨晚。

张爱玲和炎樱都是才女，对色彩很敏感，她们最大的爱好就是设计衣服，且都是奇装异服，不引人侧目，死不罢休。而这也极大地满足了张爱玲的恋衣情结。高中的时候被继母虐待，从来没穿过一件新衣服，使她异常失落，现在脱离了孙用蕃的控制，并一连考下两个奖学金，几乎超过香港大部分人一年的收入，所以她当然要奖励一下自己，大胆挥霍一次，买了衣料，自己设计，随心所欲地制了几件奇装异服出来。

其中有一件矮领子的布旗袍，大红底子上一朵一朵蓝的白的大花，两边没有纽扣，穿的时候像汗衫一样钻进钻出，领子矮的几乎没有，下面还打着一个结，袖子短到肩膀，长度只到膝盖，那大胆的设计，连炎樱都惊叹不俗。

炎樱亦找来母亲的一条紫红色的大围巾，把两头铰下来，缝成一件毛线背心，宽肩，掐腰，齐腰一排三四寸的同色同线的流苏，随着她的一步一摇，更像一枚小巧玲珑的香扇坠儿。

她们两个人，一个宛如深潭最清幽的水，一个貌似碧空中的骄阳，静得醉人，艳得夺目，交融在一起，美丽妖艳。风吹过，带起迷人的芬芳。穿着奇装异服，一起招摇过市，恣意引发所有人的注目。那一刻张爱玲是快乐的，或许更贴切点说，那一刻张爱玲不是孤独的，她从天上滑落到人间，感受一下友情的情谊，淡淡的温暖与惬意。

她为炎樱画过一张肖像，形态为妙，很得人赞赏，她们的一位俄籍教授甚至出了五美元买下。意外之财，心满意足。那期间张爱玲画了很多画，由炎樱着色，她们合作亲密无间，一直延续到张爱玲成名。炎樱为张爱玲设计过《传奇》增订本的封面，后来又帮胡兰成的杂志《苦竹》设计封面。

其中有一幅，炎樱上了全是不同的蓝与绿，令张爱玲想起李商隐的两句诗“沧海月明珠有泪，蓝田日暖玉生烟”，蓝色与绿色交相辉映叫她想到了自己的母亲，事实上，在香港大学读书的时候，张爱玲一度成为班上最穷的学生，窘迫使她变得更加敏感，遗憾的是，母亲黄逸梵对她的处境体谅并不那么深，她曾经路过香港，看望过张爱玲，她不但没有给她留下生活费，甚至将佛朗士教授私人给张爱玲的800美元在牌桌上输掉了，此事给了张爱玲很大的刺激，使她们母女关系大受损伤，心里充满着茫茫的感伤意味。其实这感伤如同她的血液一样，从张爱玲出生就开始追随依伴，直到她在美国公寓孤独地死去都没能遗弃掉。

张爱玲一直自视很高，以天才自居，而今后所取得的成绩亦没有埋没天才的称号。在香港大学，她曾经投稿到《西风》，就是以《天才梦》做了敲门砖，结果出人所料，此文被评为十三等奖，就是最后一名，荣誉奖。这块板砖毫不留情地打到了张爱玲自己的头上，叫她郁闷了很久。

炎樱一笑

人生最恐怖的事情应该就是在睡梦中被一个炸弹炸醒，并发现少了一条胳膊，满目刺心的红色，却感觉不到应有的疼痛，就好像伤口被千万只蚂蚁啃咬，变得麻木异常。

1941年12月8日，太平洋战争爆发，全世界都在打仗，楼塌了，房陷了，四处尖叫悲嚎的声音，奔走的人群，像荒原上的羔羊，极力躲避虎狼的追击，却悲哀地感觉，天大地大竟无处安身，恣意的枪炮，堵住了每一个出口，无情地踩掉了生机和希望。

起风了，这个世界冰冷异常。下雨了，浇不灭燃烧的枪火。混乱下，香港大学的学生们却在盲目的欢腾，因为那正是大考前夕，一个炸弹下来，大考没有开始就被炸掉了尾巴，总算可以喘口气。对于学生而言，考试比战争可怕，对于画家而言，没了灵感比死亡更悲哀。

人生在世，有太多太多的东西我们无力阻止。花开花谢，缘起缘落。清晨的曙光敲响苍白的窗帘，燕儿的呢喃变得恐慌而无助。默然回头，烟雨蒙蒙中失去往日的宁和。战争的脚步不可阻止地朝我们走来，面对生活的巨大改观，出生入死的动荡考验，每个人都会做出一些夸张的不同寻常的事情来，而浮面底下，是人类一贯的本性。张爱玲后来写过一篇《烬余录》，不无幽默地描绘了战时同学的众生相。

——有个宿舍的女同学，是有钱的华侨，非常讲究穿，对于社交上的不同场合所需要的不同的行头，从水上跳舞会到隆重的晚餐，都有充分的准备，但是她没想到会打仗，初得到开战的消息时，最直接的焦虑是："怎么办呢？没有适当的衣服穿！"后来，她借到一件宽大的黑色棉袍，大概以为这比较具有战争的庄严气氛，战时重庆的汪府官太太也是人手一件黑大氅。

——苏雷珈，是马来半岛一个偏僻小镇的"西施"，瘦小，棕黑皮肤，睡沉沉的眼睛与微微外露的白牙，像一般受过修道院教育的女孩子一样，十分天真，她选了医科，曾闹过一个著名的笑话——医科要解剖人体，她不由紧张地向人打听：被解剖的尸体穿衣服不穿？战时轰炸，舍监督促大家去山区避难，急难中，她也没忘记把最显耀的衣服整理起来，不顾众人的劝说，在炮火下将那只累赘的大皮箱设法搬运下山，她后来加入防御工作，在红十字会分所充当临时看护，穿着赤铜地子绿寿字的织锦缎棉袍蹲在地上劈柴生火，同男护士们一起吃苦，担风险，有说有笑，混得十分好，性格也开朗起来，战争对于她是很难得的教育。

——艾芙林，是从中国内地来的，身经百战，据她自己说是吃苦耐劳，担惊受怕惯了的，可是学校邻近的军事要塞被轰炸的时候，她第一个受不住，歇斯底里地大哭大闹，说了许多发生在内地的可怕的战争故事，把一旁的女学生吓得面无人色，宿舍的存粮眼看要完了，于是艾芙林变得特别能吃，并且劝大家都要努力地吃，因为不久便没得吃了，吃饱了就坐在一边饮泣，因而得了便秘症。

——乔纳生是个华侨同学，曾经参加过志愿军，上阵打过仗，他知道九龙作战的情形，最气的便是他们派两个大学生出壕沟去把一个英国兵抬进来——“我们两个命不抵他们一条。招兵的时候他们答应特别优待，让我们归他们自己的教授管辖，答应了全不算话！”少年不识愁滋味，他投笔从戎之际大约认为战争是基督教青年会所组织的九龙远足旅行！

——这林林总总的人像里，就只有炎樱是最从容最大胆的，她在流弹中，泼水唱歌的满不在乎仿佛是对众人的恐慌的一种嘲讽，在漫天的炮火里，那歌声简直是嘹亮而振聋发聩的。有同学抱怨：“我本来打算周游世界，尤其是想看看撒哈拉沙漠，偏现在打仗了。”炎樱却笑嘻嘻地安慰：“不要紧，等他们仗打完了再去，撒哈拉沙漠大约不会给炸光了的。我很乐观。”那机智和胡搅难缠令张爱玲不禁莞尔。

战争是残酷的，没有经历过的人永远无法真实了解其中的滋味，每一分钟都会有人死去，每一刻都有家庭毁灭。王朝替代，江山易主，历史的巨轮在无情地辗压。风萧萧，雨凄凉，漫天的烟尘埋没往日的微笑，血色中找不到久违的安宁，我们忍不住，昂首问苍天，为什么会发动战争。

战争是什么？他们说战争是一个国家与另一个国家为了某

种不能调节，或者不愿调节的原因而发生争执，进而产生的武力行动，追逐的最终目的无非是两个，一个是至高无上的权力，一个是享受万人膜拜的虚荣。而付出的代价也很明确，那就是血流成河，尸横遍野。他们谁都没有想过老百姓，也许他们还会沾沾自喜地认为，那是我的臣民，本来就该为自己的国家尽一份力！

国家有难，尽力是必须的，但为了无谓的争斗而枉送性命就是愚蠢的，人一生只有数十载，谁都想好好活过，谁都愿看到花红柳绿，白云悠然。可就是有个别的人，野心犹存，运用自己手中的权力发动战争，无耻地掠夺着别人，甚至包括亲人的生命，而表面还必须找个冠冕堂皇的理由来掩盖。

他们累嘛？当然不会，每天战火缭绕中无暇来累！他们羞愧吗？当然不会！每攻下一个城池，他们都会兴奋万分，无法羞愧！他们的心呢？早被战争磨炼出铁石心肠，他们面前的不是人，是任由宰割的羔羊，无需同情。俗话说，成者王侯，败者寇，谁都不想被别人踩在脚下。枪口下，没有对错，只有强弱。

张爱玲是个弱者，亦是强者。她无法改变自己的命运，但是她能做到从容地面对一切，死亡在即，仍然保有一种超然的态度。她眼中的战争就像一个人坐在硬板凳上打瞌睡，虽然不舒服，而且没完没了地抱怨着，到底还是睡着了。

英国的一座要塞挨着港大，日寇的飞机来轰炸，张爱玲和同学们都躲到了宿舍最下层，黑漆漆的箱子间里，过着禁闭式的日子。这让张爱玲不能不想到自己曾经被软禁在地下室，面对死亡的时候。同样的孤独，同样的无依无靠，受伤的人呻吟中会喊着“妈妈”，听着的人会默然落泪，曾经忽视了的亲情在此时此刻变得如此难能可贵，难以求之。张爱玲也会想到家人——妈妈、弟弟、姑姑，还有父亲，如若她死在异地他乡，他会不会觉得是自己叛逆的报应呢？会微笑，还是会哭泣？

禁闭式的恐慌传染着每一个人，连做饭的大小姐也因为害怕流弹，不肯走到窗户跟前迎着亮光洗菜，结果同学们吃的菜汤里，满是蠕动的虫，吃了，想吐，不吃，会饿！现实而真实！晚上盖着报纸，枕着大本的画报，低头仔细看，是美国的《生活》杂志，多富有深意的名字！生活？生活是一条从生到死的路，生未必多欢，死未必多苦，匆匆忙忙中，珍惜眼前，在苦难中寻找一丝丝美好与乐趣才是幸福的。

张爱玲对于美好的寻求得到满足，战争给了她难得的时光来专注地看书。《官场现形记》《醒世姻缘》都是她喜欢的。禁闭场所里的光线很暗，但她并不在意，说不定下一秒炸弹就会掉下来，人都成了肉泥，眼睛还有什么用！每个人都安心地被困在这里动弹不得，唯一的一个例外就是炎樱。她一个人冒死进城看电影，回到宿舍又独自在楼上洗澡，流弹震碎了玻璃，但炎樱还是在浴盆里从容地泼水唱歌，和平常一样的快乐，舍监听到歌声非常生气，炎樱的不在乎似乎是对大家恐慌的嘲讽。

有人说，人活着，生命是最重要的，命都没了，还能追求什么？亦有人不这样认为，命犹在却得不到一生所求，命又有什么用？人一生都在追求，寻觅，但究竟追求的是什么呢？在红尘路上，我们忙碌，争斗，拾捡，肩膀上的背囊越来越沉重，脚下的步伐越来越无力，偶然间，我们停歇，默默打开行囊，发现除了感伤的故事一无所有，回忆在心底，追思灵魂深处，我们要的究竟是什么？没有人知道，因为现在的我们每天被太多刺激新鲜的事情包裹，无暇想这些。而张爱玲那个年代的人活命都难，更不会费力去想。每一个朝代，每一个时期，每一个人脑子里都会闪过这样的问题，但只淡淡一秒，就会很现实地想，怎么样才能叫自己过得更好！

几天过后，港大停止了办公，有地方可去的同学都走了，异乡的同学被迫离开宿舍，无家可归。于是，张爱玲和一帮同学去报名参加守城工作，因为没有防空总部的守城证章，就无法解决迫在眼前的膳宿问题。但他们刚报了名，领了证章出来，就遇到了空袭，警报凄绝地响着，一架涂着日本徽样的轰炸机已经俯冲过来，就像巨大的山鹰，威风凛凛。

有时想来真的不合理，日本那么小的一个国家，竟然挑衅地发动了世界大战，而中国地大物博，人口众多，却被人攻打得毫无还手之力。此时，张爱玲庆幸李鸿章死了，否则纵是背上再多的骂名，流下再多的眼泪，也无法保中国这条巨龙之周全。

战机来袭，张爱玲他们慌忙向路边的人行道奔去，缩在门洞子里面，在剧烈心跳中看着防空团员的证章，不能不为之嘲笑。原来大家都是混吃喝的，谁都没有尽到本职的责任。想来旧中国之所以黑暗亦是必然的产物，若是那时人人都能尽到责任，还会有殖民地？还会有八国联军进北京？还会一把火烧掉老祖宗留下的圆明园吗？火色未退，撕心的哀嚎犹在耳边，我们亦还能拿着证件来混吃混喝！悲哀吗？羞愧吗？也许都会有，但无奈还是排在第一位的，毕竟肚子饿的感觉只有真正饿过的人才知道！

门洞子里挤满了惊慌失措的人，抬头看出去，天依旧是浅蓝而明净的，一辆空电车停在街心，电车外面，是淡淡的太阳，电车里面亦是太阳，明晃晃的，恣意把时间都冰凝封存。在繁复尘世中，什么都是这样的简单，生也好，死也罢，在命运面前，人类如此渺小，根本无法把握什么，又何谈改变，只要它一个不高兴就突然毫无理由地把你送到了死亡面前，父亲、母亲、后母、弟弟，以往一切愉快的和不愉快的事情也突然化作了一片空白，像海绵上跌荡的泡沫，没了“王子”的珍视，“美人鱼”只能化成泡沫，消失无痕。

轰炸结束，生活一下就从荒凉还原到了闹哄哄的喜剧，门洞子口的人开始砸门，里面的不敢开，噼噼啪啪。好像阎王的催魂鼓。这里人太杂，开了谁知道是不是祸呢。当有人大喊：“警报解除了！”大家一哄而出，不顾命地挤上电车，各奔前程。

不管在什么时候，这个世界都是忙碌的，大街上永远充斥着形形色色的人影，每个人都有自己奔波的目标与停泊的角落。纵使在最黑暗的年代，最落魄的时期，拿张报纸，躺在大桥底下，亦可睡觉。

张爱玲他们回到学校，就得到了历史教授佛朗士被杀的消息，让人惊讶之余亦充满隐痛，战争带给张爱玲的冲击是在父亲家里从来都没经历过的。

佛朗士教授是被自己人打死的。和其他英国人一样，战争爆发后，他也被征入伍。那天黄昏他回军营，大约是在思索什么问题，没有听到哨兵的口令，哨兵就开了枪。算“为国捐躯”？当然不是，但就算是又能怎样呢？人都死了，留个虚名有什么用呢？

他曾说志愿兵操练是“练武功”，可练武功竟然都可以丢掉性命，人类生活的愚蠢与可笑在战时变得无处隐藏。站在窗边，望着窗外，空气不知不觉中增添了凝重悲凉的感伤，风吹过，树叶萧然飘落，点点碎碎，好像一直蒙到心里去，没了轻叹飘逸的兴致。在时代巨大的阴影下，什么都变得模糊而不可靠了，房子可以烧毁，钱转眼可以成为废纸，人可以死，家可以毁，自己更是朝不保夕。战争，无情地掀起生命脆弱、不堪一击的一面。人们忍受不了这个，纷纷想抓住一些踏实的东西，可伸手，我们又抓住了什么呢？

很多人在这个时候选择了结婚，张爱玲记忆最深刻的就是一对男女到办公室来，管防空处长借汽车去领结婚证书。男的是个医生，在平日也许不是一个“善眉善眼”的人，但是他不时地望着他的新娘子，眼里只有近乎悲哀的恋恋的神情；新娘是看护，矮小美丽，喜气洋洋，弄不到结婚礼服，只穿着一件淡绿绸夹袍，镶着墨绿花边。他们来了几次，一等等上几个钟头，默默对坐，对看，熬不住满脸的微笑，招的大家全笑了。

在温暖的笑声中，张爱玲明白了生命的真谛，理解了生命的宽厚和坚强。人生所谓“生趣”本来都在一些不相干的事上，理想、计划、前程，都是那么地不可靠，而唯独眼前的这点幸福，这点喜悦才是人可以牢牢抓住的。

心如冰洁

战争很快就结束了，只用了十八天，英军就宣布投降，日寇占领了香港。对于很多人而言，灾难和恐惧都过去了，不用担心走在街上，一个炸弹丢下来而尸骨无存，大家的生活变得异常忙碌奔波。有人会在废墟中寻找家人的尸体，亦有人在潮湿的地沟里，捡来发霉的馒头，大大咬上一口，脸上有着无奈，眼中却充满了心满意足的喜悦。

战乱后的香港物资缺乏，每个人面临的首要问题只有一个，那就是食物。政府的冷藏室里冷气管失修，堆积如山的牛肉，宁可眼睁睁地看着它腐烂，也不肯拿出来。做防御工作的人只能得到米和黄豆，没有油，没有燃料，各处的防控机关只忙着争柴争米，设法喂养手下人员，哪儿有闲工夫去照料炸弹？接连两天张爱玲什么都没吃，飘飘然去上工，对此，她只能安慰自己说，不尽职的人，受点委屈也是该当的。

在浅水湾饭店楼下驻扎着军队，他们仍旧住到楼上的老房间里。住定了，方才发现，饭店里储藏虽然丰富，都是留着给兵吃的。除了罐头装的牛乳、牛羊肉、水果之类，还有一麻袋一麻袋的白面包、麸皮面包。而配给客人的，每餐只有两块苏打饼干，或两块方糖，饿得大家奄奄一息。难怪张爱玲他们立在摊头上吃滚油煎的萝卜饼，而完全做到无视不远处，脚底下躺着穷人的青紫的尸体。街头每隔五步十步便蹲着一个衣冠楚楚的洋行职员模样的人，在小风炉上炸一种铁硬的小黄饼。汽车行业全部改成了吃食店，没有一个绸缎铺子或药店不兼卖糕饼。后来他们说香港从来没表现得这样馋嘴过，那是因为香港人从来没有这样饿过！

看到这里想起两幅不同的画面，一幅是《三毛流浪记》，三毛饥肠辘辘地站在大风大雪下，透过玻璃窗，望着充满暖气的大房间里，那些富人家的孩子随手丢掉食物而毫无愧色。现实社会自扫门前雪。吃饱了，都不会看到别人的肚子饿！

还有一幅就是《我的父亲是板凳》的电视连续剧，那里面有个小女孩叫红儿，敌人为了套出共党的情报，用好多美食诱惑她，红儿咽着口水，始终都没说，回到监狱，抱着父亲痛哭失声，只反反复复地说："那些好吃的都被拿走了！我的蛋糕，我的苹果，我的烧鸡，都被拿走了！"她还是个孩子，在中国历史最黑暗的时期亦能如此，叫我们不能不为之敬佩，心痛！

战火纷飞中，饥饿是谁都避免不了的，面对它的诱惑每个人做出的选择亦是不同的，我们看着，想着，却不能指责什么，因为人性千般万种，谁都有权利选择自己的生活方式，只能祈祷别迷失做了遗臭万年的事情。

停战后，港大的许多学生都被安排在"大学堂临时医院"做看护，张爱玲也去了。病人主要是战争中，中了流弹的苦力与受伤的趁火打劫者，也有别的大医院转来的几个普通病人。这些人很有趣，其中有一个肺病患者比较有钱，就雇了另外一个病人伺候他，派那人出去采购东西，而且那个人穿着宽袍大袖的一件制服满街跑，院长觉得太不成体统了，大发脾气，把两个人都轰出去；还有一个病人把一卷绷带，几把手术刀叉，三条医院制服裤子藏在褥单底下，也被发觉了。

张爱玲在医院里主要是上夜班，尽管时间特别长，有十个小时，但其实没有什么事情可做，她还是欢喜的。她所要做的，无非是料理病人的大小便，碰到这个的时候，她们只领出去叫一声打杂的“二十三号要屎盆！”或者“三十号要溺壶！”，然后自会有人来料理，她们照旧坐在屏风下看书。

凌晨三点，张爱玲去热牛奶，同伴们正在打瞌睡，世界静悄悄的，但张爱玲知道多数病人都是醒着的，他们眼睁睁地望着那个肥白的牛奶瓶，在他们眼中是比卷心的百合花更美丽。轻轻喝上一口，让香醇的奶香轻易填满心底的空虚，感觉必然很好。然而张爱玲也只有这一瓶，她不打算与全人类分享，却又不能不感觉到自己的冷漠和自私，自私到羞愧。张爱玲曾经说过：“时代的车轰轰然地往前开，我们坐在车上，经过的也许不过是几条熟悉的街道，可是在漫天的火光中也自惊心动魄。就可惜我们只顾忙着在一瞥即逝的店铺的橱窗里找寻我们自己的影子——我们只看见自己的脸，苍白，渺小，我们的自私与空虚，我们恬不知耻的愚蠢——谁都像我们一样，然而我们每人都是孤独的。”

香港从来没有过这样寒冷的冬天，冷冷的风，轻易就冰凝了心，冰凝了感觉。身为官宦子弟，张爱玲从来没有这样珍视过食物，她像猎人看守自己的猎物那样，看守着将沸的牛奶，慌慌然，兮兮然。宛若树叶被春雨侵袭，充满无力的酸楚。一直到后来，只要闻到牛奶烧糊的焦香，她就会觉得饿。

值夜班唯一遗憾的是，病人的死亡，十有八九是在深夜。有一个病人，得了溃烂症，给她留下了很不愉快的印象。那人痛苦到了极点，整夜叫唤着看护："姑娘啊！姑娘啊！"声音悠悠长长，有腔有调。张爱玲回忆说："我不理，我是一个不负责任的，没有良心的看护，我恨那个人，因为他在那里受磨难。"那人仍叫唤不停，终于把一房间的病人都吵醒，他们看不过去，齐声大叫："姑娘！"张爱玲这才不得不走过去，阴沉沉地站在他床前，问他："要什么？"病人叹口气，呻吟说："要水！"张爱玲告诉他厨房里没水，又走开了。病人叹口气，过了一会儿又叫唤起来，叫不动了，还哼哼："姑娘啊！姑娘啊！"张爱玲不再理他了。

张爱玲从来不同情任何人，正如她从来不关心国家的存亡，民族的大义，在她来说，这是很自然的。是呀，生命如此脆弱，又有谁来得及同情这个世界呢？过几天，那个人死了。

天快亮的时候，他们将他的后事交给了有经验的职业看护，张爱玲缩到厨房里去，同伴用柳子油烘了一炉小面包，味道很像中国酒酿饼。那个时候，还有东西吃是何等幸福的事情。望着窗外，鸡在叫，冷风狠狠地打在窗棂上，发着空洞的凉意。又是一个冻白的早晨，张爱玲心里叹息地嘲讽："他们这些自私的人若无其事的活下去了。"

记得曾经轰动一时的《泰坦尼克号》吗？那里面的人物都是名门望族，自称受过最高等的教育，拥有最高贵的灵魂，但是面对巨大灾难的时候，母亲尚能无视女儿的生死，何况现在张爱玲面对的仅是陌生人。纵使此时此刻有人躺在外面流血身亡，想来大多数人还是会匆匆看一眼后，奔向自己的路，毫不停留。

在这个世界上人是不同的。有人踩在时代的巅峰，抗拒黑暗，追寻光明，所以有了毛泽东，有了鲁迅，有了新中国。但亦有人只关门过自己的小生活，民族大义只是书页中飘过的香，拯救悲苦不过是水中荡过的涟漪。他们渺小却也真实。在动荡年代中，舞动只属于底层人物的悲喜舞步。

轻轻合上手中的书页，泡起一杯清香的茉莉花茶，细细思索着这个叫张爱玲的奇特女人，无可厚非张爱玲也是底层人物的“代表之一”，但她亦异于他们，他们就好像游荡的风，空洞，枯燥，而张爱玲是飘然的雾气，比他们更加冷酷，悲喜皆入不了她的心，只要她不想看到的东西，她就能做到视而不见。她身在乱世，对很多东西都失去了热情。在黑暗中为寻求自己能感应到的快乐而欣然，她超脱出世，我行我素，在红尘俗世中，别人的争议贬扬皆入不了她的心，她傲然的双手掐腰，目光淡漠，以嘲讽的心态面对风雨无情，世态变幻。她就是世界，世界就是她，周遭现实的悲欢离合与她何干，仅有自己个人的欢悦和悲郁才是真实可信的东西。这类人被称为个人主义者，张爱玲是个人主义者，她在追求自己独立的时候亦追求一种完美，一种现实中并不存在的东西。她知道在这个动荡的年代中，在这个充满现实与扭曲的世界里追寻会得到什么，所以她给予了嘲讽与冷漠，而把完美放进自己的心。

毫无疑问，在香港三年是张爱玲人生最重要的时期，也是她人生观、社会观形成的时期。香港是她将来走进文坛，演绎极致的至关重要的经验之所。张爱玲是不幸的，生在战火纷飞的年代，长在冷漠扭曲的官宦之家，从来没感受过温暖与真诚，形成遗世独立的性格亦是可以理解的。但同时张爱玲也是幸运的，经历是一种财富，就是经历过这么多的黑暗才使得她如此敏感，感性，具备了天才作家所该具备的一切条件。她可以横空出世，恣意洋溢才华，叫万人瞩目，而这一切是当时张爱玲所没有想到的。

1943年夏天，张爱玲和好朋友炎樱一道离开香港，回到了出生地上海。日寇占领了香港，在马来西亚，在菲律宾，在整个的南太平洋地区，日寇的军舰往来如入无人之境，英国政府撤出了香港，香港大学亦随之停办，张爱玲的大学仅读了三年，还未毕业，就丧失了继续深造的机会，眼睁睁地看着不可靠的理想与计划成了泡沫，这不能不说是造化弄人。

第四章 临水照花人

尘封记忆

命运是什么？是捉不着，摸不到，却时时刻刻能颠覆你人生的东西。当夕阳扫过落叶，当苍海打过彼岸，轻轻捏来一片树叶，无耻地认为，亦可掌握树叶之命运，夕阳会嘲弄，苍海会宣泄。他们说自古以来，弱肉强食，这个世间没有公平可言。乍听时或许觉得有理，但细细品味，才发现简直就是天底下最大的笑话。成为强者，所要付出的代价绝对能用“凄烈”二字来形容，他们挣扎于尘世，挑战着自我，跌跌撞撞中摘取胜利的喜悦。花儿会为他们微笑，鸟儿会为他们歌唱。而那时弱者又在做什么？他们一劳永逸，贪图享乐，慵懒中被时代所淘汰，这不是强者的错，不是命运的不公平，而是你自身的悲哀。没有人会同情弱者，可怜之人，必有可恨之处。在这繁复的尘世间，谁最终又能帮得了谁呢？

回到上海时，张爱玲已经长发披肩，穿着自己设计的艳丽衣裳，飘逸而美丽。她并没有回到父亲的家，而是住进了爱丁顿公寓，与姑姑张茂渊生活在了一起。每天清晨，被咖啡店的面包香唤醒，伸个懒腰，没心没肺地微笑。夜晚枕着电车回家的声音睡觉，空气里荡漾着熟悉亲切的味道。

张爱玲刚回来不久，弟弟子静就来看她，问她将来有什么打算。张爱玲默然，其实港大毕业本来可以免费进入牛津大学深造的，但因战事，难以实现，她便想转入圣约翰大学，将未完成的学业完成，好歹也有个毕业文凭。但是，现实的问题再一次摆到了眼前，张爱玲真的是没钱！她轻轻叹息着望向了窗外，天已经渐渐黑了，雾气团团围绕，带着清凉的迷茫，恣意钻进了房间里，丝丝绕绕，好生烦扰。

被父亲暴虐而逃开家的时候，姑姑张茂渊曾取笑过张爱玲：不知道哪里来的一身俗骨，她的父母纵然有缺点，但都不俗，不把钱当回事。张爱玲表面没说什么，但心里却很不平，他们当然都有资格说这样的话，毕竟继承了庞大的遗产，衣食无忧，随心所欲。张爱玲有什么呢？抛去一身俗骨和傲骨，掀开皮囊，仔细翻找，最终只能悲哀地发现竟然一无所有！

其实，当时张茂渊分到的财产也比较丰厚，在上海做了一些投资，结果逢着时局不稳，币值贬跌，她的投资大都有去无回，慢慢地，无法再依靠遗产生活，便在英商怡和洋行谋了一份职业。沪战爆发后，怡和业绩很受影响，张茂渊和一千多个华人员工都被裁掉，只能到电台做了广播播音，等张爱玲从香港回来，她又到大光明戏院做翻译工作，已经成为完全独立谋生的职业女性。她的收入维持一个人的开销还宽裕，但要担负张爱玲的学业和生活费用就艰难了。所以张茂渊跟张爱玲说过，转学到圣约翰大学的学费应该由她父亲张廷重支付，因为当年她父母协议离婚的时候，他曾承诺担负她以后的教育费用，但是港大三年的学习费用都是由她母亲黄逸梵担负的，现在只剩下半年，理当由他出。

下雨了，丝丝的凉意，张爱玲收起了双腿，像虾子一样蜷缩成团。她对这个提议很是踌躇，自1938年从父亲家里逃出，已经四年没有联系了，甚至连只言片语都不曾有过，他们的父女情分基本算是断了。何况只要想到要管父亲要钱，张爱玲的心就牵扯地痛，感觉自尊又要被无情地践踏侮辱。一直以来张爱玲并不恨父亲，但也不见得是爱，他们父女之间纠结太多，太深。他仿佛就是她心底最深处的疤，被墨绿的苔藓覆盖，沉淀太久，潮意加深，一丝一缕，都牵动着感伤，张爱玲便不想再去掀起，深究了。

但子静赞成张茂渊的意见，并自告奋勇地提出替张爱玲带话，望着子静诚恳的面容，张爱玲不忍打击他，便轻轻地点了头，但是在张爱玲心里并没抱有什么希望。

此时的张家已经搬出了别墅，住进了一栋小洋房，光景一年不如一年。这种情况是清王朝倾覆后名门世家所普遍经历的命运，地里的租钱收不上来，做生意是外行，走政治路更是不行，终日只能赖以吃喝嫖赌度日。

其实在张爱玲还未离家之前，张廷重曾经与两个银行的同事合资，开过一家钱庄，具体业务由其中一位叶先生负责，钱庄主要是搞投资、股票、证券、黄金、美钞、银元，什么赚钱就做什么。刚开业的时候，张廷重倒有三分钟热情，每星期去几次，过问一下，但过了不久，就不去了，只偶尔打电话问问，到后来他更是经常在钱庄内透支，窟窿越来越大，最终把当初的股本透支光了，成了空投股东，这个钱庄不久就以散伙告终了。而张廷重成为靠着遗产度日的遗少亦是必然的。

子静回家后避开继母跟父亲张廷重婉转地说起了张爱玲回到上海的近况和要转学的意思，张廷重倒也没有拒绝，沉吟了一下，便叫子静去传话，叫她过来吧！

过几天，张爱玲登门了，一直不太喜欢她的继母孙用蕃提前知道她要来，便躲到楼上没有下来，张爱玲亦不想见她，在楼下的客厅里，她面对着父亲，清晰地感觉到父亲更加苍老了，鬓角白发苍苍，额头上刻满了岁月的痕迹。四年了，这是父女反目后第一次见面，也是他们一生中的最后一次见面。他们之间变得更加陌生，面对面站着，却感觉冰冷的凉气从脚底涌来，将骨子里的血液都冰结了一般。张爱玲神情冷淡，一点笑容都没有，只简单地提出了想在圣约翰大学续读的计划和学费问题。张廷重听完了，也没多说什么，但已经显得相当的宽容，他叫张爱玲先回去，学费会叫子静送过去的。

再也无力找任何话来说了，他们之间遥远得就像两个宇宙的星宿，就算硬拉拢到一起也不会撞击出火花，他无法谅解她曾经的叛逆，她无法原谅他留在自己身上的暴虐。时间流逝，一分一秒，一日一月，却都无法埋没以往的一幕，只会积压更沉，伤口随着岁月慢慢结上了丑陋的疤，谁都不想轻易掀起。

不管战争多么残忍，它依旧改变不了上海繁华的事实。从父亲家出来，漫步在黄浦江畔，张爱玲长长吐了一口气，清爽的风恣意吹起她的秀发，丝丝缕缕，飘逸美好。在张爱玲的世界里，没有孤单的立足之地，她是个充满灵性且思想充沛的人，她知道如何在孤单中找到自己的快乐，并且用快乐忽略掉一切的悲哀与黑暗！

有了父亲提供的学费，在当年秋天，张爱玲就转学进了圣约翰大学文学系四年级，而弟弟子静进入经济系一年级，姐弟俩终于达成了“同学”的愿望，可以在校园经常见面。

其中有个小插曲让人啼笑皆非，那就是张爱玲转学考试的国文成绩不及格，需要进补习班，这说起来实在是滑稽的事情，张爱玲的国文修养从小到大一直很好。或许因为在港大读书期间，她三年都不曾用中文写东西，给姑姑和母亲写信都是用英文写，以至于国文生疏，才造成这样的尴尬。

但开学后不久，张爱玲就从国文初级班跳到了高级班。炎樱也转学到了圣约翰大学，她的父亲那时在南京西路凯勒一家颇有名气的珠宝店工作，家境比较富裕，两人仍经常在一起逛街，买零食。她们依旧在穿的上面下足了工夫，走到哪里都能引起一片艳羡的议论。

风中蝶变

每个人都是以独立个体生存在这个世界上，红尘繁复，有人随波逐流，亦有人桀骜不驯，非要在时光的长河中留下点什么。当轻盈的白雪静静扬洒，覆盖了峡谷的沉幽，封锁了河水的宣泄，晶莹的水珠沉浸在冰凝中，费力地呼吸，挣扎，寻找到稍稍薄弱的地方，用力冲击，用力拍打，终于化了冰，融了雪。探出骄傲的头颅，微笑地环视着世界。

张爱玲就是这晶莹傲然的水色，纵使风寒雪大，亦可感应到生活的乐趣。在空旷的天地间演绎她自己独特的美丽，正如胡兰成在《今生今世》中提到的："她从来不悲天悯人，不同情谁，慈悲布施她全无，她的世界是没有一个夸张的，亦没有一个委屈的！她觉得最可爱的是她自己。"

这些性格特点，想来与张爱玲所出生成长的贵族家庭深有关系，大凡富贵子弟，生来即在锦绣丛中，周遭利益纠葛比较复杂，人情冷暖，世态炎凉，张爱玲看得太多，感悟得太多，养成了纯粹个人的生活方式，冷漠异常，但她的冷是完全无害的，就像生长在贝壳中的寄居蟹，安静平稳。潮起潮落，星光点点，她在细细碎碎里，寻找自我生活的乐趣。她是现代社会的个人主义者和唯美主义者，她冷漠独立，对时代亦是抱着戏弄、嘲讽的态度，对于生命她又怀有深深的眷恋和哀伤，所以，她后来的创作总是融合着两种不相谐调却又参差对照的成分。乱世的苍凉，人世的悲苦，人性最底层隐含的诗意，在生活巨大年轮的辗压下，形成漫漫长河，散发幽静、黯淡的光。

望着上海熟悉的月光，张爱玲会想起年幼时的自己。在私塾先生的指导下背诵唐诗，与子静在后花园荡过秋千，追逐过白天鹅，也曾轻轻弹过钢琴，感受“优裕的忧伤”。如果不是命运恣意挑弄，或许她也成长为不识人间烦恼的大家闺秀，每日抱着诗书，惋叹花开花落，流年飞逝。

张爱玲没有抱怨过，因为抱怨也没有用，从她知道自己将赤裸裸地站在天底下开始，她就追求一种完全的独立，经济上的，感情上的，她要依靠自己承担这个世界，而这个世界只是她一个人的。在即将到来的1943——1944年将会更加清楚地演绎出来，在繁花夺目的年代里，一个天才少女横空出世，用墨香演绎文坛的传奇，用奇装异服演绎时装界的奇葩。

在圣约翰大学她无疑是领军人物，不管是学业上，还是穿着上都值得用“惊叹”二字来形容，张爱玲和炎樱都是爱美的女子，像两个穿过繁花，落入人间的精灵，从中国传统和民俗中获取服装设计的灵感，设计自己与众不同的服装。

那时有许多女子用方格子绒线毯改制大衣，毯子质地厚重，又做得肥大，炎樱总戏称那简直就像一张床，请人躺上去，所以她坚持自己的风格，穿西式裙子和上衣，搭配一些中国古香古色的装饰。

张爱玲则穿鹅黄缎子旗袍，下摆挂着长达四五寸的流苏，那种打扮只有在舞台上才看得到，即使大学周六下午开舞会，也不会有人穿那种衣服，亮晶晶得耀眼。她们的奇装异服在圣约翰大学出尽风头，每每招摇地走过校园，在场女生都相互又好奇又有趣地看着，叽叽喳喳地议论着：“她是谁？是新插班生吗？穿得好奇怪！”

张爱玲那时坚持于着装的特别，只为自己美丽，而完全没想到，时到今日还有人研究她的风格，堪称中国服饰上的艺术。张爱玲是奇特的女人，像妖娆的雾气，迷离的生活在战火弥漫的时代里，她的美叫人惊叹，她的文字叫人震撼。

在圣约翰大学里，她的文章越写越好，不仅接连在《泰晤士报》上发了多篇剧评和影评，也写了些关于服装与时尚的稿件，最长一篇是发在《二十世纪》杂志上的Chinese Life and Fashions（《中国人的生活与服装》，后译成中文在《古今》杂志上再发表时改名为《更衣记》）。

《二十世纪》的主编名叫克劳斯·梅涅特，是个德国人，柏林大学博士毕业，曾经在莫斯科做过记者，1937年到1941年间，在美国加州柏克莱大学及夏威夷大学教授历史。太平洋战争爆发前夕，他凭着新闻的自觉来到中国上海，因为当时“孤岛”上海是最后一个未被交战国任何一方完全控制的国际性大都会，敌对情绪也不那么严重，这种夹缝中的权力真空地带为新闻自由提供了一种难得的机会。梅涅特于1941年10月自创《二十世纪》月刊，该刊主要是以客观分析式的时事报道为主另外兼及小品、风光旅游、电影评论之类，主要读者对象为居留上海的欧美人。

张爱玲出手不凡，1943年1月，投稿在《二十世纪》上的篇幅足有八页之多，还附了自己亲绘的十二幅关于发型和服装的插图。文章对中国人的服饰制革及生活习尚介绍得相当细腻清楚，插图亦简洁有趣，尤其在她自如地谈论中道诉了中国的文化与精神，放恣的，任性的，在不相干的事物上尽情地浪费着精力，正是中国有闲阶级的一贯态度。

在凡尘俗世里有太多这样悠闲的人，在他们每天奔波忙碌的身影中，找不到生命的具体意义，笑得不淋漓，哭得亦不尽情，反反复复中失去了笑看风云的雅致。

张爱玲在圣约翰大学只上了两个月便辍学了，原因无它，还是经济问题。学费的问题解决之后，生活费用很快又迫在眼下，在没去香港之前，她跟姑姑同住，那时母亲还在，房租等一切费用都由母亲来负担，而现在与姑姑同住，她需要出自己的那一半费用，压力很大，母亲黄逸梵久无音讯，父亲那里给了学费，她便不想像要饭似地去讨生活费，再加上张爱玲对教授的授课方法也颇有自己的看法，比如她不主张教授多讲，而主张尊重学生的独立性与自觉性，与其在学校里浪费时间还不如到图书馆借几本好书，回家自己读。

子静在炎樱那里听闻张爱玲退学的消息后，特意跑来询问，得到肯定的答复后，他曾天真地提议："你可以找个教书的工作。"

张爱玲摇头，望着窗外奔流的人群，轻轻叹息了。教员的工作不止底子要好，而且还要善于表达，把见解与观点向学生完好地陈述出来，张爱玲自小就不喜欢见陌生人，敏感内向，时间久了便养成孤傲不群的个性。静下心来在墨香中，她能写出最动人的文字，但要用嘴，让她吐一个字都难，所以面对伟大的教员职位，她只能缴械投降。

子静便建议她去报馆找个编辑的工作，编辑只管坐在房间里编稿子，不要太多出门交际的，张爱玲还是摇头，其实她早就选好了自己的路，那些日子她替报馆写稿子也赚到些稿费，她想发展成自由的撰稿人。

张爱玲如此决定并非偶然，像在香港大学唯一一次投稿中所说：“我是一个古怪的女孩，从小就被视为天才，除了发展我的天才外别无生存的目标！”（《天才梦》）

每个人都是背着使命来到这个世间，凡尘繁复，雾气缭绕，每个人都会迷失方向，挣挣扎扎中寻找来时的方向，然而世俗滚动，有人为生活奔波，忘了哭与笑，最终被现实的尘埃埋没在时光流河中；有人纵是被命运压榨得血肉模糊，亦不曾丢失使命，成为极少的遗世独立的歌者，张爱玲便是如此。她是天才，除了发展她的天才外别无生存的目标！

那是1942年，在战火纷飞的乱世中，一个天才女子张爱玲作为职业作家的开端。她像朵妖娆的曼陀罗花，带着迷离的花香从容不迫地走进了文坛，恣意掀起仅仅属于她——张爱玲的独特狂浪，撰写生命的极致。

沉香醉人

张爱玲最开始是用英文写作，投稿对象还是英文月刊《二十世纪》，梅涅特对张爱玲的作品异常喜欢，在“编者例言”中加以重点推荐，认为张爱玲有那种可以让外国人了解中国的能力，并誉她为“极有前途的青年天才”。

梅涅特的赞誉让年纪轻轻的张爱玲欢喜不已，又为《二十世纪》写了好几篇文章，其中最多的是影评，在1943年5月号上，她写了Wife，Vamp，Chid（即《妻子，荡妇，孩童》，后译为《借银灯》），评论电影《梅娘曲》和《桃李争春》；在6月，她发表了The Opium War（《鸦片战争》），评论电影《万世流芳》；在7月，她在On The Screen（电影评论）的栏目评论电影《秋之歌》和《浮云眼月》；在8、9月合刊上，她发表了Mother and Daughters-in-Law （《婆婆和媳妇》），评论《自由魂》《两代女性》《母亲》三部片子；在10月，发表了一篇无题文章，评论李丽华、严峻、王丹凤主演的《万紫千红》和刘琼自编自导自演的《回春曲》； 11月又发表了China Educating Family（即收入《流言》的《银宫就学记》）。这些文章的接连推出，立即显示了张爱玲深厚的英文功底，使她一鸣惊人！

梅涅特对这个年少的中国少女印象深刻，1943年6月，她发表了Still Alive（中文译名为《洋人看京戏及其他》），这篇文章在张爱玲的早期创作中占有相当重要的位置，文笔流畅细腻，集中地表达了张爱玲对人生世相的理解和感悟。其实一直以来张爱玲就把自己放到了观察者的位置上，对战乱中的中国人的生活，讥讽并热爱着，关注却尖锐地批评。

在她看来，中国这片宽阔的土地上养育着极其自私的人种，男性统治着这个社会，女子残喘苟活。她举的例子是京剧《红鬃烈马》，“《红鬃烈马》无微不至地袒露出了男人的自私。薛平贵致力于他的事业十八年，泰然地将夫人搁在寒窖里，不闻不问，放任自流。终于有那么一天，他良心发现，不安心起来，便星夜赶回家里。夫人一生最美好的年华已经被贫穷、寂寞、孤苦作践尽了，含着泪，却无力叫泪珠滚落，然而男人无法理解她心底深处的悲哀，以为团圆的快乐足够抵消以往的一切。他封了她做皇后，为自己赢来美名，却并未设身处地地为她着想，在代战公主的领土里做皇后，人家虽然背着妾的名声，却年轻，当权，戏弄地看着这位‘糟糠之妻’在自己手底乞讨生活。她命薄，在皇后的位置上只活了十八天就死了。”

从一个女人的角度，只能看到男权社会温暖面纱下的虚伪与残酷。从生命的角度来看，人都是自私的，谁都不会同情“弱者”。纵是同为女人，但一山怎可有二虎。眼不见，心为净，少了一个碍眼的，天下会有多少太平。

曾经看《三国演义》，赵子龙在长坂坡为救主公之子，险些丧命。刘备就巧用“摔死儿子”一招来拉拢人心，感动得子龙热泪盈眶，其实何必呢？人都救回来了，他还当真能摔死不成？人和人之间还是少一些虚情假意，多一点坦诚真挚比较好，宁可叫他轻声道句“感谢”，而不要闹出这样的戏码来。不过不能不承认，刘备还是厉害的。诸葛亮是中外罕见的完人，只因“三顾茅庐”的知遇之情，抛下卧龙岗自由自在的生活，出来跟随刘备，欲干一番惊天动地的大事。然而天不遂人愿，江山未定，人先亡。为了“先帝”，年过花甲的老人亦舍命忘身为阿斗争天下。空城计用得好，逼退司马懿大队人马，亦逼落无数人的眼泪。诸葛亮当真不曾后悔，认为自己所做的一切都是值得的？在锣鼓喧天中，在“阿斗”吃喝玩乐中，为何只看到诸葛亮的背脊上，凄凉的寂寞。

中国向来不关注个体生命的价值，一般常人也习惯于将自己的价值与追求，紧紧系在社会秩序中的一个位置或者环节上，以求得别人眼中的成功，就算失去生命中真正美好的事物也在所不惜，可悲，可叹，可笑！正如张爱玲所说：“中国的悲剧是热闹、喧嚣、排场大的。”八国联军都打开了中国的大门，慈禧还能风风光光地庆祝自己的寿辰；战争的号角从未停歇，歌舞厅中的罗曼蒂克也一刻不曾遗落；我们生活在闹剧中，张爱玲却冷静地站在闹剧背后，看着生活的滑稽与悲哀，然后清楚地写出来，告诉所有的人。

《洋人看京戏及其他》这篇文章一刊出来即受到读者的热烈欢迎。梅涅特在《编者按》中指出：张爱玲之所以备受称赞，主要原因在于“她不同于她的中国同胞，她从不对中国的事物安之若素；她对她的同胞怀有的深邃的好奇心，使她有能力向外国人解释中国人”。

同年12月，张爱玲又发表了Demons and Fairies（中文译为《中国人的宗教》），是她在《二十世纪》上发表的最长的文章，目的仍是“向外国人解释中国人”，在这里她谈论了中国人的怀疑主义。“就因为对一切都怀疑，中国文学里弥漫着大的悲哀，只有在物质的细节上，它得到欢悦——因此《金瓶梅》《红楼梦》仔仔细细开出整桌菜单，毫无倦意。不为什么，就因为喜欢——细节往往是和美畅快，引人入胜的，而主题永远是悲观”。她谈到了中国人普遍的人生态度，“受过教育的中国人认为人一年年地活下去，并不走到哪里去，人类一代一代下去，也并不走到哪里去，不管有没有意义，反正是活着。我们怎么处置自己，并没多大关系，但是活得好一点是快乐的，所以为了自己的享受，还是守规则的好——不论在艺术里还是人生里，最难得的就是知道什么时候应当歇手，中国人最引以自傲的就是这种约束的美”。

他们说人生如戏，每个人都在自己人生的舞台上，扮演着不同的角色，时而哭，时而笑，时而迷茫，再理智的人亦不免被俗套所累，但张爱玲注定与众不同，她竟真的做到了全身而退，坐在台下，慢慢喝着茉莉花茶，不动声色地看着台上喧闹疯狂的表演，时不时露出会心一笑。她可以心明眼亮地道出人类最自私的丑陋与虚伪，却无法忽略掉自己曾经受伤的心，她嘲讽挖苦的同时亦怀着对生命无言的痛楚与热爱。这种特殊的生命观感，实则源于她黑暗破碎的童年。

“她早年的身世影响了她人格心理的发展，进而影响到她对外部世界的感受和体验；不幸的童年，没落的家庭，动荡的现实环境使她成为一个‘失落者’，造成她复杂的心理矛盾，‘失落感’是她基本的心理状态，从而导致了她精神上的悲观气质。她对人性是悲观的，对历史文明的发展也是悲观的，构成了她的人生悲剧意识”（宋家宏《走进荒凉，张爱玲的精神家园》）。

或许张爱玲的人生本身就是悲剧，但是她可以做到将悲哀压在心底最深的角落中，上个锁，冰封起来。她平淡地面对人生，面对自己的生活，为现实所迫，她需要挣钱养活自己，而《二十世纪》给了她很好的舞台。正如张爱玲所说，她选择替英文报刊写稿，主要原因就是英文报刊的稿酬要比中文高很多。她爱钱，她想过一种新的生活：自己挣钱自己花，自己管自己，自由自在，独来独往。她曾经明白说过：“用别人的钱，即使是父母的遗产，也不如用自己赚来的钱来得自由自在，良心上非常痛快。”

钱是什么？每个人出生便被父母的关爱包裹着，有衣穿，有饭吃，有学上，说来俗套，那些都是用钱来支付的。我们恬不知耻地享受着父母的血汗与心血，视付出为理所当然。

曾经看过这样一篇文章《儿啊！我多希望是你养的一只狗》，文章里介绍的是花甲父母，费尽心力地将儿女养大成人，结果他们嫌弃农村的艰苦，都留在了城市。忙碌中，养了一只狗来取乐。母亲站在门口盼着儿女归来的时候，他们带着狗宝宝散步；父亲胃痛，蜷缩一团的时候，他们为了狗宝宝的发烧而奔波忙碌；父母吃糠咽菜的时候，他们在超市细心地选着狗粮。母亲眼中滚下的泪水，父亲轻轻的叹息声，在苍凉的白雾中深沉悠远。“儿啊，我多希望是你养的一只狗！”人心往下长，我们可以轻易看到子女的伤痛，却那么容易就忽略掉父母的悲凉。

下雨了，清凉的雨丝打湿院落里芭蕉的轻灵。燕子躲在屋檐下，呢喃低语，似乎在嘲笑，似乎在悲怜，似乎在呼唤。万事万物皆有灵性，人类是其中最极端，最复杂，最贪心的动物。走在雨中，会奢望阳光的明媚，而拥有后，亦会追逐雨的宁静。

张爱玲也贪心，《二十世纪》给了她一把真正敲响文学大门的钥匙，但它毕竟不是文学圈的杂志，舞台太小了，根本无法满足张爱玲。她是为“文”而生的，需要在轰轰烈烈中演绎生命的极致，用墨香换取更大的成就，更明亮完美的生活。

炉香清屑

1943年春天，张爱玲在给《二十世纪》《泰晤士报》等英文报刊撰写影评的同时，用中文写了两篇短篇小说《沉香屑·第一炉香》和《沉香屑·第二炉香》。她就是想用这两炉的沉静之香，去叩启仰望已久的上海文坛大门。

有了在《二十世纪》攒来的自信，她没有像一般初作者那样忐忑不安地把稿件塞进邮筒，而是直接拜访了《紫罗兰》杂志的主编——周瘦鹃。她知道周瘦鹃酷爱园艺，与母亲一系的亲戚园艺家黄岳渊交情甚深，便特意带上他的介绍信，穿上专门为这次拜访而做的一袭鹅黄色、裁剪得体的旗袍。为了这次拜访的成功，张爱玲第一次这样慎重而细致地做了准备。

周瘦鹃笔名紫罗兰庵主人，即遭鲁迅讥讽的鸳鸯蝴蝶派代表作家，画蝴蝶于罗裙，认鸳鸯于坠瓦。周瘦鹃主编过《礼拜六》杂志，以“宁可不讨小老婆，不可不读《礼拜六》”的口号相号召，其趣味性、娱乐性在市民阶层中深受欢迎，它的影响即使是一般正统的新文学作家也不得不自叹弗及。当然，一般新文学作家往往并不视“鸳鸯蝴蝶派”为“文学”，或者说有进步意义的文学。张爱玲本人少年时候曾模仿过一段时间的新文学，但稍长后，她就不喜欢“新文学烂调”，讥讽为“台阁体”，她一生最为热衷的还是“海派”的言情之风。所以，她去找与上海小市民气味相投的《紫罗兰》杂志自然很容易理解。

而命运再次垂怜了这个雾气一样迷离的女子。那次拜访，张爱玲和周瘦鹃谈得甚为愉快。

最初，周瘦鹃请张爱玲进来，只是给黄岳渊面子，但接触后，张爱玲身上自然流露的那种清贵之气，举止谈吐中展露的细致敏捷，与小说不俗的名字，都让他感觉到这是个难得的天才。如果说张爱玲是千里马，周瘦鹃便成了伯乐，风轻云淡中体味了缘分的雅致。

其实，张爱玲的《沉香屑》都是极现代的小说，但她用了传统的气息，惟妙地包裹了它。奇美诡谲的文字，既有《红楼梦》的典籍蕴藏，又有英国名作家Somerset Maugham（毛姆）的风趣诙谐。周瘦鹃虽然是鸳鸯蝴蝶派作家，却也精通英文，翻译过西洋小说，文艺鉴赏力过人。在他的推荐下，《沉香屑·第一炉香》和《沉香屑·第二炉香》很快出现在《紫罗兰》的复刊号（该杂志创办于1922年，中间因故停刊，1943年5月正式复刊）和第2期上，均占显著位置。周瘦鹃在“编辑例言”中向读者介绍了张爱玲前来拜访的情景，并且说：“如今我郑重地发表了这篇《沉香屑》，请读者共同来欣赏张女士一种特殊情调的作品，而对于当年所谓上等华人那种骄奢淫逸的生活，也可得到一个深刻的印象。”作为资深编辑，周瘦鹃明显表达了其郑重推荐的意思。

《沉香屑·第一炉香》讲述的是一个战前香港的故事。在故事的开端，葛薇龙，一个极普通的上海女孩子，来到香港姑母家，她是南英中学的学生，希望在姑母梁太太那里讨得一点学费。没想，不由自主地一头栽进梁太太充满“清朝末年的淫逸空气”的小天地里，陷入那肮脏、不可理喻的现实，最后等于把自己卖给了梁太太与乔琪，整天忙着，不是替乔琪弄钱，就是替梁太太弄人。她自己的未来呢？就只能是无边的荒凉，无边的恐怖，不能有任何天长地久的计划。

> 车过了湾仔，花炮啪啦啪啦炸裂的爆响渐渐低下去了，街头的红绿灯一个赶一个，在车前的玻璃里一溜就黯然灭去，汽车驶入一个黑沉沉的街巷，乔琪没有朝她看，就是看也看不见，可是他知道她一定是哭了，他把自由的那只手摸出香烟夹子和打火机来，烟卷儿衔在嘴里，点上火，火光一亮，在那凌洌的寒夜里，他的嘴上仿佛开了一朵橙红色的花，花立时谢了，又是寒冷与黑暗——

张爱玲笔下的文字清冷奇丽，《沉香屑》还未连载完，她的才华很快就被文艺圈里的人注意到了，《万象》主编柯灵即是其中之一。

柯灵原名高季琳，是鲁迅的同乡，浙江绍兴人，是以编剧本和写杂文成名的新文学家、作家，亦是鲁迅先生的追随者之一。他做过长期的编辑工作，先后编过《文汇报》副刊《世纪风》《大美晚报》副刊《浅草》《正言报》副刊《草原》等。上海沦陷期间，他逢中共地下组织安排，接编了《万象》杂志，并对它进行了改造，想用这份商业性杂志为沦陷区衰竭的文艺阵地增添一点亮色。

《万象》原来的主编陈蝶衣和老板平襟亚都是鸳鸯蝴蝶派

人物，这份杂志在柯灵接手以前走的也是风花雪月的路子。柯灵接手后《万象》风格发生了很大变化，师陀、王元化、郑振铎、傅雷等文坛宿旧都被邀请为之写稿，显示出越来越浓的进步色彩，同时柯灵亦在为刊物的发展留意新起的作家。正是在此期间，柯灵因偶尔翻阅《紫罗兰》，奇迹似的发现了《沉香屑》，大为惊奇，想托周瘦鹃介绍认识，又觉得冒昧，不想天遂人愿，张爱玲登门主动拜访了他。

一袭色泽淡雅的碎花旗袍，像一缕清凉的风，吹过七月的暑气，他们的会见和谈话很简短却很愉快。当张爱玲把《心经》手稿及亲绘的插图交到他手里的时候，柯灵诚恳地邀请她经常为《万象》写稿。

在1943年8月的《万象》杂志上，柯灵刊出了张爱玲的《心经》。接着从这一期开始直到1944年元月，《万象》几乎每一期都刊有张爱玲的小说《琉璃瓦》《连环套》。作为上海滩具有广泛影响的文艺杂志，《万象》把张爱玲迅速推向了更大范围的文艺圈，而张爱玲本人也迅速走到了创作的巅峰。

那一年张爱玲23岁，几乎一夜成名，与苏青、潘柳黛、关露等一并成为上海滩最红最紫的女作家。她的横空出世，是很多人都始料未及的，就像当时蛰居在上海的著名文艺评论家傅雷先生所说：“在一个低气压的时代，水土特别不相宜的地方，谁也不存在什么幻想，期待文艺园地里有奇花异卉探出头来，然而天下比较重要一些的事故，往往在你冷不防的时候出现。——张爱玲女士的作品给予读者的第一个印象，便有这情形。”

张爱玲红了。1943、1944两年上海文坛堪称“张爱玲年”。她就那么恣意带着雾气的迷香与清丽，演绎着生命的传奇。

新中国成立前期的出版物一般有商界性刊物，同仁刊物，党派刊物之分。商业性刊物主要是追求销数，以大众市民口味为旨归；同仁刊物则是一批在思想上，学术上气味相近的人联合办的出版物；党派刊物则有政治背景。张爱玲投稿的《杂志》就属于第三类，它不但附属日本人为后台的《新中国报》，而且还直接以多种形式给日伪文化活动撑场面，在具体的编辑过程中，《杂志》则坚持与一般商业性刊物很不同的“严肃”态度，特别宣称自己走的纯文艺路线。在当时的上海也算首屈一指的文艺杂志，其名气、影响与财力事实上皆非《紫罗兰》《万象》所能及。而《杂志》在随后的两年时间里，不惜血本，为张爱玲迅速出版了作品集，召开多种形式的张爱玲作品座谈会、纳凉会，使张爱玲青云直上，红遍上海滩。

有中共背景的柯灵对于《杂志》的日伪背景相当清楚，他曾委婉地提醒张爱玲，时局不靖，谨慎与《杂志》的往来，犯不着在万牲园里跳交际舞。上海沦陷后，文学界还有少数可尊敬的滞留隐居，他们大都欣喜地发现了张爱玲，而张爱玲本人自然无从察觉这一点。郑振铎隐姓埋名，典衣节食，正肆力于抢购祖国典籍，用个人有限的力量，挽救“史流他邦，文归海外”的大劫。他叫柯灵去劝说张爱玲，不要到处发表作品，但张爱玲并没有听取他的意见，对于一个文坛新秀来说，应“趁热打铁”——先成了名才是抓得到的“真实”。这份“真实”代表着金钱上的独立与自由，可以任性地过自己想要的生活。

张爱玲早就梦想过，要一间中国风格的房：雪白的粉墙，金漆的桌椅，大红椅垫，桌上放着豆绿糯米瓷的茶碗，堆得高高的一盆糕团，每一个上面点着个胭脂点。

张爱玲是现实而真实的，她的行事作风像清晨的风一样，坦坦荡荡，清清楚楚。她的世界里没有什么民族大义，没有什么政治风华，她只做她自己，只考虑自己的生活。而《杂志》的实际影响力是成就一切的风帆，她根本放不了手。

从发表《茉莉香片》起，《杂志》就为在文艺界快速推出张爱玲煞费苦心，它不但陆续发表了她此后的大部分作品，如小说《倾城之恋》（张爱玲真正的成名作）、《金锁记》《花凋》《红玫瑰与白玫瑰》《殷宝滟送花楼会》《留情》《创世纪》等，以及散文小说《论写作》《说胡萝卜》《姑姑语录》等等。而且，还为扩大她的影响进行了多次不遗余力地宣传。

《杂志》的努力创造了奇迹。1944年短短几个月时间内，张爱玲在上海几乎是人人皆知，成了沦陷时期上海最为耀眼的文艺明星，甚至影响了一时风气，好多青年男女作者，倾心于张爱玲独特的风格和文采，专门模仿她的技巧笔法，形成过一个“张爱玲派”。

这个时期也成了张爱玲“奇装异服”的时代，她时常穿着前清或大胆另类的衣服出现在各种公众场所，像耀眼的红玫瑰，散发妖娆的香溢，尽情享受别人追随的目光。无可厚非，如此的“倾国倾城”让张爱玲很满足，这正是她从前所梦寐以求的。

一直以来，对张爱玲的争议就没有断过，有人说她虚荣、自私、小资的生活已经腐蚀了她的灵魂、她的心性，让她完全看不到中国身处的黑暗时刻。在雾气里迷茫的生活，醉生梦死，眼中根本没有前方的路。批判得如此淋漓尽致，细细想来他们口中的那条该是爱国的路吧！

爱国？在张爱玲看来要有国才可以爱吧？在那个动乱的年代里，她脚下踩着的土地一直名字叫中国，但是偏偏可笑的被外国人压迫，管治。她不是鲁迅，更成不了刘胡兰。在香港渡过了生死长河，在上海看清了战争的可笑，她只是个普通的女人，只想真实地过自己的日子，这并不是什么十恶不赦的死罪。在黑暗的国度里，你有权点燃蜡烛，唤醒同路的谊友，奔赴前路。但你没权利，强制去摇醒睡梦中的人，留个眼神，你可以大步离开，不要过多的话，因为你没有权利。

很多时候，我们必须要承认，张爱玲是自私的，亦是虚荣的。但试问人之本性中，谁没有这样的惯性呢？只是所有人都知道它们是丑陋的，都极力掩藏，然后站在历史丰碑面前，大声指责别人身上的黑点，却可以恣意叫自己身上爬满虱子。张爱玲不想付出耻笑，因为不值得。她就要这般真实的赤脚踏在红尘俗世间，就要恣意扬洒生命中飞扬的感觉，叫脚步清楚明了。

当然，张爱玲奇迹般的崛起也有其他客观原因的，最主要的就是“孤岛”沉没后，茅盾、沈从文等一批新文学作家陆续离开，使上海文坛一时出现真空状态，这不能不说是为新作家的崛起提供了极好的机会。柯灵曾经说，他扳着指头算来算去，偌大的文坛，哪个阶段都安放不下一个张爱玲，上海沦陷，才给了她这个机会。日本侵略者和汪精卫政权把新文学传统一刀切断了，只要不反对他们，有点文学艺术粉饰太平，求之不得。给他们什么，当然是毫不计较的，天高皇帝远，这就给张爱玲提供了大显身手的舞台。抗战胜利以后，兵荒马乱，剑拔弩张，文学本身已经成为可有可无，更没有流苏、顾曼桢、曹七巧一流人物的立足之地了。张爱玲的文学生涯，辉煌鼎盛的时候只有两年（1943~1944），是命中注定，千载一时，“过了这个村，没有那店”，幸与不幸，真的很难说。

张爱玲会觉得自己幸运还是不幸呢？记得她的散文集《流言》里附有一张作者照片，长袍短套，罩在旗袍外面，照片上有题词：“有一天外面的文明，不论是升华还是浮华，都要成为过去，然而现在还是清如水明如镜的秋天，我应当是快乐的！”

看来张爱玲早已看透了这一切浮华，别人的评论，名利的纷争，都不如秋季天空的一丝淡然。昂起头，静静地呼吸，秋叶在吟唱，燕儿在呢喃，风轻轻扫过雪白的窗帘，带着咖啡的沉香，那一刻才是生命中最真实美好的。

第五章

暗香偶盈袖

最后的泪

缘分是什么？他们说缘分是前世的修行，带着轻轻的点，一点一点连成丝线，将两个陌生的人连接到一起。风雨吹过，他们若能坚持携手，那么便可以看到净空中一袭炫目的彩虹；若风雨无情，轻轻放下手中的行囊，无需过多指责询问，只是缘分结交不深而已。

1943年11月一个阳光熙和的下午，在南京一家花园洋房的草坪上，一个中年男子正慵懒悠闲地躺在藤椅上翻着杂志。阳光轻轻斜射到他俊朗的脸上，点点碎碎，他手中的杂志就是苏青寄来的《天地》第十一期。他的目光被其中一篇名为《封锁》的文，深深吸引，不由坐直身，这个男人就是胡兰成。他曾经惊心动魄地跟张爱玲在上海演绎了“倾城之恋”。

有人说，是因为张爱玲才叫那么多人知道了胡兰成，否则在战火弥漫的年代，哪有他扬名之地？

胡兰成是浙江嵊县胡村人，生于1906年，长张爱玲十四岁。从小家贫，吃过很多苦，但胡兰成天资较高，赤手空拳拼天下。他原有个发妻玉凤，在玉凤过世之时，胡兰成借贷以葬妻魂，却四处碰壁。后来勉强在干妈那里借了60元钱，草草葬妻，却招致干妈的奚落和冷嘲。对此，胡兰成后来回忆说：“我对于怎样天崩地裂的灾难，与人世的割恩舍爱，要我流一滴眼泪，总也不能了。我是幼年时的啼哭，都已还给了母亲，成年的号泣，都已还给了玉凤，此心已回到了如天地之仁！”

生活在社会底层，被无情的风雨打灭心底唯一的火焰，伸出手，冰冷的雾色扫过颤抖的手指。昂起头，月亮高悬空中，恣意散发空洞的温存，诱惑星辰无耻的艳羡，这个世界无法给予你最简单的生活，那么何不轻轻洒落眼中最后一滴泪，微笑地去面对一切。让嘲讽的人无法嘲讽，让看戏的人，无法看自己落魄的戏码。

看着胡兰成的过去，叫人不能不去想张爱玲，他们都是被命运捉弄过的孤苦灵魂，血泪过后，学得一身生存的本领，张爱玲遗世独立，胡兰成八面玲珑，都依靠自己的肩膀担起这个世界，但是有人在依靠中，学会了自尊自爱，有的人丢失了人格和尊严。

在那个黑暗的时期，死亡好像微尘一样，无处不在。人能活着都是万幸，他还会担心这个国家的主人是谁？对于一个只身闯世界的文人，在挣扎中，很轻易就淡漠了自己的价值观、人生观。

胡兰成在妻子亡故时，洒落最后一滴眼泪，践踏最后一份心性。那一刻，这个男人不管将来会占据多高的位置，他都只是一个低着头过自己生活的行尸走肉了。

1936年，“两广事件”给一直从事教员工作的胡兰成，提供了大好机会。当时，由于蒋介石执行妥协主义的对日政策，在国内激起普遍不满。桂系第七军军长廖磊，起兵抗蒋，要求蒋政府积极抗日。在此期间，胡兰成得以受聘兼办《柳州日报》，第一次获得进入中国政治舞台的机会。他在报上谈论时局，主张“发动对日抗战必须与民间起兵开创新朝的气运结合，不可被利用为地方军人对中央相争，相妥协的手段”，这种观点引起了政界人物的注意。所以，等到“两广事件”平息后，他虽然累在其中，被押解到桂林受第四集团军（桂系）司令部的审判，监禁33天，但因为白崇禧对他的政论有所赏识，所以并未受处置。

离开广西后，胡兰成直接去了上海，投奔有汪伪背景的《中华日报》。不久，他便成了日报主编，渐渐获得了一定的名声。1937年，沦为叛国之人的汪精卫急欲在南京组织“伪政府”，四处拉拢人才，胡兰成便投身汪伪，先后担任“中央委员”“宣传部次长”“行政院法治局局长”等头衔，还当过一段时间的汪精卫机要秘书，时常可以直接向汪精卫“进言”。

他们说这个世界上有黑亦有白，但黑是什么，白又是什么？在这个繁复尘世中，道德是一把尺子，现实是一把刀子，战争是一枚炸弹，一个比一个尖锐，在风起云涌中，无情地摧毁着一切，所以请不要轻易给人扣上不爱国的帽子。先弄清楚究竟什么是爱国，并不是振臂一挥，大喊一声就是爱国了。其实谁都想爱国，谁都愿意名垂青史，但是一个国家叫你吃不上饭，你还会爱她吗？爱？好，那你可以活活饿死了。不爱？那也惨了，你要是普通老百姓还好些，但你要是名人，哪怕一点点借着别人的光环而闪耀的人，你都等着被骂吧！爱与不爱都做不了，那么就推翻一个时代，创建一个能爱的国家吧，如此一来是最完美的。可是世界上只有一个毛泽东，一个周恩来，一个鲁迅，很多人追随而去，很多人昂头观望，亦有很多人低头，过着自己的生活！战火尘世，今日的好，并不代表明日的好。今日的醉，未必代表明日的醒！

胡兰成在南京养病时，收到苏青寄来的杂志《天地》，读到《封锁》的时候，喜不自胜。清秀的文字下，婉约站着绮丽的女子，淡淡几笔，便将大家都习惯了的东西抛开了去，洒脱飘逸。

文人与文人之间的那种惺惺相惜，使他对作者张爱玲充满了好奇。于是他立即写了一封信给苏青，对张爱玲的小说大加赞许，并表示极愿与作者相识。

苏青是20世纪40年代中期，与张爱玲同被誉为“上海文坛上最负盛誉”的女作家，以长篇小说《结婚十年》和散文集《浣锦集》声名鹊起，尤其《结婚十年》叫整个文坛哗然，毁誉参半，半年内再版九次，大有洛阳纸贵之势，而她从此得了个“大胆女作家”的头衔。

张爱玲曾经在《我看苏青》里堂而皇之地写着：“低估了苏青的文章价值，就是低估了现代的文化水准。如果必须把女作者特别分作一栏来评论的话，那么，把我同冰心、白薇她们来比较，我实在不能引以为荣，只有和苏青相提并论，我是心甘情愿的。”

可见张爱玲与苏青是惺惺相惜的文友、好友。然而亦是为这个女子写《封锁》而引来胡兰成的到访。是偶然，也是必然，上天注定要在张爱玲事业巅峰的时刻，给她个人情感生活带来急剧的转折。

起风了，带来落叶的苍凉，点点碎碎，割舍着空间与时间。当胡兰成向苏青打听张爱玲的时候，苏青迟疑着并没有明确答复他，只说张爱玲疏淡冷傲，平时独来独往，不喜欢见人。胡兰成见信不甘，再一次去信向她讨问，他知道苏青办杂志有很多地方需要自己帮忙，她是不敢轻易驳回面子的。果不其然苏青告诉了他地址：静安寺路赫德路口192号公寓6楼65室，并再次强调张爱玲是不见陌生人的。

其实苏青并没有“言重”，张爱玲确实如此。比方她与人约会，订的是下午三点钟到她家里来，不巧你若时间没有把握准确，二点三刻就到了的话，那么即使她来为你应门，还是照样把脸一板，对你说：“张爱玲小姐现在不会客。”然后把门嘭的一声关上，就请你暂时尝一尝闭门羹的滋味；万一你迟到了，三点一刻才去呢，那她更会振振有词地告诉你说：“张爱玲小姐已经出去了。”她的时间观念，是比飞机开航还要准确的，而且真正能叩响张爱玲房门的，简直就可以用人迹罕至来形容。

苏青给胡兰成回信的同时，也附上了《天地》月刊的第3期，第4期。上面刊登着张爱玲另外两篇散文《公寓生活记趣》《道路以目》。

终日在复杂的官场明争暗斗，胡兰成的心早已被磨出了一层硬痂，以为不会再有感动。然而，张爱玲轻扬又温厚的灵动文字，轻轻叩响了他灵魂的窗。他提起笔来，写了一篇评论，名为《论张爱玲》，并将初出茅庐的张爱玲与鲁迅相提并论：“鲁迅是尖锐地面对着政治的，所以讽刺，谴责。张爱玲不这样，到了她身上，文学从政治走回人间，因此也成为更亲切的，时代在解体，她寻求的是自由真实而安稳的人生。”

在胡兰成心中，张爱玲宛如深谷里的清幽百合，带着迷离的香，轻轻吹遍了整个山谷，他神往而倾慕，尽管他已有妻室——一个替他生了儿子的妻子（全慧文），还有一个二十岁左右美貌的妾（英娣）。

胡兰成将评论文发给苏青，还未来得及发表，便先被抓进了监狱。原来，从宣传鼓噪的“和平运动”到自建傀儡政府，汪伪政权里掺杂进来的各种力量越来越多，局面也越来越复杂，所谓水多则溢，声杂则乱，何况舞文弄墨只是一时，并不能长久风光。胡兰成没有真实的实力与北京作援衬，为人又狂妄自负，恃才傲物，有时也惹得汪精卫很不愉快，对他渐渐冷漠。偏偏他又不甘心就此被挤兑下台，便跟日本政界、军界频频接触，发表纵论时事的文章，在日本人中造成不小影响。但献媚了日本人，并没围拢好汪精卫。他真的忽略掉了这个微妙时间的微妙变化，日寇在战场上已经显出了疲久将败的迹象，汪伪政府和日本人的态度亦变得很复杂，所以胡兰成这样的举动叫汪精卫大为恼火，当下将他逮捕。但经过日本军方出面，胡兰成不久就被释放。第二天，胡兰成就兴冲冲地去了张爱玲家。

她住的赫德路与他所在的大西路美丽园相隔不远。可正如苏青所言，张爱玲果真不见生客。胡兰成却不死心，从门缝里递进去一张字条，写了自己的拜访原因及家庭住址、电话号码，并乞爱玲小姐方便时候一见。不想才隔一日，张爱玲打了电话给胡兰成，说要去看他。张爱玲拒绝他的到访，又自己亲自去见他，主意变得好快。

其实，在胡兰成拜访之前，张爱玲已知其文，略知其人，并为了给她写优美文章后便被关押的胡兰成，和苏青一起找到周佛海，为其说情，虽未奏效，但亦看出，那时的胡兰成已经在张爱玲心底刻下了一丝足迹。

这是真的

真正见了面，胡兰成才发觉自己想象中的张爱玲完全是错的。他没想到张爱玲这般高挑，似乎比自己还高点，而且服装亦相当奇特，她是自己做的鞋子，半只鞋子黄，半只鞋子黑，穿着古老样式的衣裳，却有着别致的美感，那个时候大家都剪短头发，唯独张爱玲蓄着长发，沉静，疏远，奇装炫人，不漂亮却叫胡兰成感觉惊艳。

胡兰成看到她的作品，以为她是一个世故老练，洞察秋毫的成熟女人，可见了面才知道，完全是错的。后来胡兰成在《今生今世》里提到："她的神情，是小女孩放学回家，路上一人独行，肚里在想什么心事，遇见小同学叫她，她亦不理，她脸上的那种正经样子。"

胡兰成的观察是准确的，张爱玲虽然已经成为风靡上海滩的名作家，但是毕竟离开校门不久，身上的气质自然是学生派的，与胡兰成在社交场上认识的风情女子肯定不同，一个是华贵奢侈又善调情的时尚女子，一个是奇特柔艳的胆怯女孩。胡兰成在社会游走多年，成熟，事故，阅人无数，一眼就看出了作品中的张爱玲和现实中的张爱玲完全不同，前一个老练精明，后一个单纯幼稚。她是冷的，是高傲的，亦是怯弱的，嘴角挂着挑剔，眼中闪着嘲讽，各种相互矛盾的气息在她身上形成一种奇特的气质，叫胡兰成不能不动心。正如他所言：“张爱玲顶天立地，世界都要起六种震动。”

他们一谈就是五个小时，品评时下流行作品，谈中国与日本文化之差异，谈儿时之事……胡兰成告诉她，小的时候，家乡发大水，牛羊稻谷都在水中漂，家人拖儿带女地站在房顶上，愁苦对泣，他却只是面对洪水，高声啸吟，惹来母亲痛骂他是畜生。

张爱玲向来与人交往甚少，不善言辞，听到此处方娓娓将炎樱在炮弹中泼水唱歌的事讲给胡兰成听。淡淡一句话，胡兰成立刻感觉得出，张爱玲懂他，在为他辩护，也在称赞，他心里暖暖的，燃烧着火。于是又同她讲起南京的事情，问起张爱玲每月写稿的收入。对一个初次见面的小姐问这样的问题，实在是失礼的，但“因为相知，所以懂得”，两人已有了知交之感，所以张爱玲倒未觉得胡兰成的话很唐突。

张爱玲告辞时，胡兰成送张爱玲到弄堂口，并肩走着，晚风轻轻地吹过，带着清雅的芳香。胡兰成看着张爱玲，忽然说：“你的身材这样高，这怎么可以？”只这一句话，就忽地把两人的距离拉近了。这句话的潜台词是从两个人般配与否的角度去比较的，前提是已经把两人作为男女放在一起看待了。张爱玲很诧异，心中亦升起反感之意，但面对胡兰成竟然一句话也说不出来。

世界上就有那么一个人，纵使你有盖世才华，细腻文笔都无法描摹出来，只能用心去品味，这对张爱玲来说简直是不可思议的。即使是朝夕相处的姑姑，即使是一同以奇装异服招摇过市的炎樱，张爱玲都少有要用心去品味的感觉。1938年，张爱玲离家出走，一路坎坎坷坷却得到自由。而1944年，她掉进一个男人编织的情网，火化成了衣，焰变成了衫，注定被灼烧得体无完肤。然而，她看不到这些，此时此刻，她眼中只有春的风，静的水。

次日，胡兰成去回访张爱玲。她房里竟是华贵到使他不安，胡兰成形容说，三国时刘备进孙夫人的房间，就有这样的兵气。那天，张爱玲穿了一件宝蓝绸袄裤，戴了嫩黄边框的眼镜。多年后，胡兰成对这些细节都有着清晰的回忆。此后，他每天都去看张爱玲。

其实，张爱玲与胡兰成之所以能在稍后迅速发展，并演绎倾城之恋是与张爱玲本人的性情甚有关系的。世界上有很多种人，有人以理智处世，有人以感情处世，亦有人用繁文缛节处世，而张爱玲不属于其中任何一个，她本身就不是世俗之人，她不以尘世的价值观去品评一个人。她的人生追寻一种诗意上的完美，在她眼中男人至关重要的就是要有才情和智慧，其余的，比如职业、信仰、品行，往往常人在意的东西，她都不放在眼里。

小时候，母亲黄逸梵和姑姑张茂渊经常说及祖父张佩纶年老貌陋，不足以做李家的乘龙快婿，但张爱玲不以为然，在她看来张佩纶虽然落魄却并未丧失志气，而且满腹学问，才情如雪，是内心十分丰满的真正男人，怎么能叫人不动心，不喜欢呢？胡兰成虽未见得有张佩纶的才情，但毕竟在社会上游历多年，对于生活封闭的张爱玲来说颇为新鲜，何况他虽然身处官场，却有着精细不凡的鉴赏力，他懂得张爱玲的作品，懂得张爱玲这个人；懂她贵族家庭背景下的高贵优雅；懂得她对生命的嘲讽与热爱；更懂她因为童年的不幸而生成的及时行乐的思想。仅仅这一个“懂得”，也许就是张爱玲爱上胡兰成的最大原因。

其实，对于阅世已久的胡兰成来说，张爱玲的容貌并未吸引到他，甚至有些失望。但是张爱玲身上那种矛盾的气质，那种知性的美丽是世间难得的，他不能不动心，而他的动心跟张爱玲的心动又完全是两种意义。

张爱玲，爱了就是爱了，像她所说，见了他，她变得很低很低，低到尘埃里。但她心里是欢喜的，从尘埃里开出花来。而胡兰成呢？并未因为一个高傲如仙子的女人为自己踏进尘世而倍感珍惜，他依旧过着自己的生活，周旋在妻子与妾身边，时来与妓游湖，嬉戏。张爱玲触动了他的心，是真的，但他的心是贾宝玉的心，没有安定，没有归属，纵使念着林黛玉，亦可以与薛宝钗同床共枕，恩爱有加。林黛玉与张爱玲很像，都自视甚高，视世俗为无物。林黛玉是水做的人，水的痴情，水的心痛，赚来众多痴男怨女的眼泪。张爱玲是风样的女子，不许谁的怜悯，无视大家的惋惜，轻轻地来，带着绵绵的情，伤了，痛了，亦是无怨的风。

问世间情为何物？张爱玲一生，对自己的恋情婚姻讳莫如深，若要附会的话，她在认识胡兰成一个月后曾写过一篇短文《爱》，或许可以化作淡淡的清风，吹来帘纱一角，静看美人，半媚一笑。

文章开篇便直白地写了一句“这是真的”。

这是真的。

有个村庄的小康之家的女孩子，生得美，有许多人来做媒，但都没有说成。那年她不过十五六岁吧，是春天的晚上，她立在后门口，手扶着桃树。她记得她穿的是一件月白的衫子。对门住的年轻人同她见过面，可是从来没有打过招呼的。他走了过来，离得不远，站定了，轻轻地说了一声："噢，你也在这里吗？"她没有说什么，他也没有再说什么。站了一会，各自走开了。

就这样就完了。

后来这女子被亲眷拐了卖到他乡外县去作妾，又几次三番地被转卖，经过无数的惊险的风波，老了的时候她还记得从前那一回事。常常说起，在那春天的晚上，在后门口的桃树下，那年轻人。

于千万人之中遇见你所遇见的人，于千万年之中，时间的无涯的荒野里，没有早一步，也没有晚一步，刚巧赶上了，那也没有别的话可说，唯有轻轻地问一声："噢，你也在这里吗？"

这是真的，故事是真的，里面的女孩即是胡兰成发妻的庶母。这是真的，是一再强调心是真的，还是情是真的？

在这个恍惚的世界里，每个人都是清晨院子里的花，看似相互依附，相偎而生，身迹被雾气缭绕，静静地，冷冷地划出了彼此的距离，谁又能真正了解谁呢？"薄雾浓云愁永昼，瑞脑销金兽。佳节又重阳，玉枕纱橱，半夜凉初透。"李清照的《醉花阴》，带着绵绵的情，绵绵的思念，像被春风浸泡的细雨，让人怜惜凝望。她和张爱玲一样，同是才情过人的女子，但她有赵明诚珍惜，张爱玲呢？站在胡兰成身边，她微笑，却没有安宁——那种身心停靠港湾的安宁。何况胡兰成最后的泪亦给了尘土，给予张爱玲的只是缥缈的晨雾。

鸿雁传情

爱情是什么？是青岩石上一点璀璨的红，是细雨缭绕中一把轻盈的伞，是晚霞半天，燕儿呢喃中的一盏清茶，淡淡的香，缠绕心头。美的，醉的，让人忘乎不掉的精灵。宋代词人李清照把女儿情写得最贴切，缠绵。

红藕香残玉簟秋，
轻解罗裳，独上兰舟。
云中谁寄锦书来？
雁字回时，月满西楼。
花自飘零水自流。
一种相思，两处闲愁。
此情无计可消除。
才下眉头，却上心头。

轻轻一个情字，让张爱玲这般孤傲的女子，从青云之上，飘然降落人间。她会依窗等待一个男子的到来，风吹过，带起她凌乱的发。

这一年，胡兰成38岁，张爱玲24岁。但很快，他们恋爱了。他们谈情说爱的方式似乎是他们最初相识的延续。对于胡兰成来说，张爱玲简直就是没有尽头的清河长路，每一处都有美景醉人，每一方都是青烟缭绕。如果初次相识张爱玲带给他的是惊奇，那么现在就是灵魂的震撼，他已经无法放手了。

但是，他们的交往并不被人看好，对张家来说，本身是官宦之家，虽已没落，但自视甚高，怎么能叫自家小姐跟一个汪伪的汉奸交往，何况此人还有妻儿家室。姑姑张茂渊跟张爱玲就坦诚地说过这一切，并明确地表示了自己的看法。张茂渊是张爱玲尊敬的人，她的话宛如巨石击落在张爱玲心中，荡起层层涟漪。她动摇过，沉思过，但是最后她还是释然了。

风淡淡滑过，带着曼陀罗的芬芳，雨静静洒下，带着清新的葱郁，雌燕在巢中轻轻梳理雄燕的羽翼，低低呢喃，我们听到自己的心在呼唤，爱情究竟是什么？有人说，爱情是两个人之间的事情，在适当的时间遇到适当的人，就动心了，携手了。有人说爱情是两个家族之间的事情，人际关系错综复杂，家庭琐事絮絮绵绵，累过，倦过，或携手不改，或分道扬镳。而爱情在张爱玲眼中却完全变了模样，她曾经说过，抱有目的的爱都不算爱，这里的目的无疑就是家庭了，身份了，地位了，品行了等等。她是完美的人，追求的是完美的爱。她知道胡兰成是汪伪的汉奸，但她不在乎，她知道他有妻室，但只要自己在他眼中是特别的，她接受。她就是这样傻傻的，痴痴的，为了想象中的那份完美，来美化一个不值得的男人，而叫自己卑微到尘埃里，满心欢喜地开出花来。

面对这样的张爱玲，姑姑张茂渊也只能低声叹息了：“你跟他交往我是不赞成的，但你也大了，自己的事情你自己看着办吧！”

没有赞同却亦默许，胡兰成便明目张胆地开始经常出入张爱玲的住所。他们在墨香四溢的房间里，谈诗看画，雅致融洽，完全像再版的李清照与赵明诚。

但是胡兰成毕竟不是赵明诚，他的情感世界里没有“责任”二字。他有着凄苦的身世，细腻的才情，圆滑的处事风格，他就像大观园里的贾宝玉，在百花园中游荡欣赏。女人亦如花，他都倾尽全力地去关爱，但是他不知道女人是个自私而奇怪的动物，所以林黛玉会香消玉殒，薛宝钗会对月吟叹，袭人会用尽心机。大观园散了，贾宝玉的梦碎了，他在茫茫雪海中飘然远去，有所觉悟。

而胡兰成在百花谷中看到了张爱玲，她就宛若是桃花，“桃花难画，因要画得它静”（胡兰成语），有诗意，有悟性，有柔情，有特性。初看张爱玲时，她诸般不顺眼，她决不迎合你，你要迎合她也休想。你用一切定型的美恶去看她总看不透，像佛经里说的不可以三十二相见如来。她的人是这样的神光离合，偶有文化人来她这里勉强坐得一回，只觉对她不可逼视，不可久留，好的东西原来不是叫人都安，却是要叫人稍稍不安。

胡兰成是懂得张爱玲的，亦如贾宝玉懂得林黛玉，但奈何情性难改，他们只是自私的人，在自己的世界里，站在门口去爱人。其实胡兰成对张爱玲这样的态度，是非常满意的。在她的爱情里还可以恣意享受左拥右抱的惬意，他感觉自己就是飘荡在云霞里面，看着七色的羽翼在天际勾画醉人的彩虹，叫世间太多的人望尘莫及。

胡兰成在南京办公，一个月回一次上海，一住八、九天。

每次回上海，他不回自己的家，而是径直赶到赫德路，先去看张爱玲。两人每天在一起，喁喁私语无尽时。

静看张爱玲的爱情传奇，太多的人都觉得惋惜，觉得悲怜，但放平心态静静想过，你会释然。张爱玲的一生是极其悲苦流离的，她的世界里没有人给予过爱。父亲的暴打，母亲的疏离，继母的刁难，都是冬季里最冰冷的刀子，一下，一下，在张爱玲心里刻下了刻骨的伤痕。她怕了，她像只寄居蟹将自己畏缩在贝壳里，妄想用那捡来的贝壳，保护周全。可是风雨无情，身处乱世，一切都逼得她无处可逃，她看清了，懂得了，慢慢学会了嘲笑与释然。而胡兰成是第一个懂得她的人，第一个真正给她爱的人，不管这份爱多么的脆弱，她都想牢牢抓住，放在心间，感觉一丝温暖。她倾尽自己的全部去爱他了，就这样在世人诧异的眼光中相爱了，爱得那样的超凡脱俗。

能爱一个这样的女人的人是心性细腻的人，能得到这样女人的爱的人是幸运的，但同时，伤害一个这样可怜的女人是可耻，甚至可恨的。

每当胡兰成来的时候，她会蜷缩在他胸前，摸他的眉毛、鼻子、嘴唇，似乎张爱玲也知道这份感情未必天长地久，想将他的容貌刻在灵魂深处。分开时会独自一人品味曾经的美好，她亦会微笑。

每当胡兰成离开时，她会轻轻卷起书页，默想李清照的《醉花阴》。

薄雾浓云愁永昼，瑞脑销金兽。佳节又重阳，玉枕纱橱，半夜凉初透。

东篱把酒黄昏后，有暗香盈袖。莫道不消魂，帘卷西风，人比黄花瘦。

在爱情面前每个女人都是傻的。白娘子为了许仙，被压雷峰塔下，永世不见光明；杜十娘识人不慎，怒沉百宝箱，在江水中心碎心死；红杏出墙的步非烟，只因“生得相亲，死亦何恨”，被武公业活活打死。红尘自有痴情者，莫笑痴情太痴狂，若非一番寒彻骨，难得梅花扑鼻香。爱情叫一个高高在上的女人，踏进了尘埃。

三个女人

“也许每个男人全都有过这样的两个女人，至少两个。娶了红玫瑰，久而久之，红的变成了墙上一抹蚊子血，白的还是‘床前明月光’；娶了白玫瑰，白的便成了衣服上一粒饭粘子，红的却是心口上的一颗朱砂痣。”（出自张爱玲小说《红玫瑰与白玫瑰》）

喜欢张爱玲的人都沉迷过这样的话，会被她看的空透，心有感悟；不喜欢张爱玲的人亦会被这样的情感颠覆。可惜，她把人情世故看得这样透彻，唯独不能看穿自己，或许张爱玲看穿过，只是掉进爱情的幻网里，挣脱不出。

张爱玲是世故的，胡兰成亦如此。只是两人又有着明月秋花的不同。张爱玲是净空中那抹明月，笔下的世故无法遮掩心里的无助和渴望。胡兰成是不实的秋花，将世故深深掩藏在心里，眼中散发过分的热烈，经不得风吹，见不得雨打，只能一时璀璨。

而这一时的璀璨亦惹来了旁人对张爱玲贵族身份的攻击。其实早在张爱玲写《私语》，写《童言无忌》，写《烬馀录》等作品时把自己的故事说了很多，但并没有任何文字提及自己的贵族血统，直到1992年的《对照记》和一篇《忆胡适之》中才提的，但那都是离开中国以后写的了。在张爱玲眼中身世并没有什么值得炫耀的，你是达官显贵的后裔也好，你是贩夫走卒的子孙也罢，那都是命里安排，无需看重。她就宛如被誉为“寒冬仙子”的水仙，散发着贵族的芳香，叫人不能不凝神痴望。

胡兰成对张爱玲的贵族血统很在乎，还专程去南京大中桥襄府巷踏看过，而第一个明确披露张爱玲身世的人亦是他。

> 和她相处，总觉得她是贵族，其实她是清苦到自己上街买小菜。然而站在她跟前，就是最豪华的人也会感受威胁，看出自己的寒碜——不过是暴发户，这绝不是因为她有着传统贵族的血液，却是她的放恣的才华和爱悦自己，作成她的这种贵族气氛的。

胡兰成懂得。原本是君子之道，高雅的称赞，却引来一个嫉妒女子的诋毁。她叫潘柳黛，原名柳思琼，笔名南宫夫人等。出身于旗人家庭，受过良好教育，18岁只身赴南京报馆求职，由誊稿员晋升到采访记者。后到十里洋场的上海发展，沦陷时期曾任《华文大阪每日》《文友》杂志的记者和编辑，代表作《退职夫人传》，与张爱玲、苏青、关露并称文坛四才女。

泼辣女强人的形象于简历中呼之欲出。潘柳黛的确拥有一段因一枝独秀而分外风光的时日。并且，她希望可以垄断这种风光。但张爱玲横空出世，风头占尽。潘柳黛无比留恋地挥别了她的光荣史。

其实潘柳黛经苏青而结识张爱玲，并经常去她家中吃茶。

记得有一次她酸酸地提过，她们曾电话约定去赫德路公寓。一打开门，潘柳黛呆住：张爱玲穿着一件柠檬黄袒胸露臂的晚礼服，浑身香气袭人，“手镯项链，满头珠翠”（潘柳黛语）。问张爱玲是不是要上街，张爱玲道：“是等朋友到家里来吃茶。”衣着随便的潘柳黛大窘，料想必有要客来，立即表示：“既然你有朋友要来，我们就走了，改日再来也是一样。”谁知张爱玲却慢条斯理地道：“我的朋友已经来了，就是你们两人呀！”得知张爱玲妆容精致，只为悦己，潘柳黛非但没有感到受宠若惊，反而窘极，似乎退回到不知礼节的山顶洞人时代。

潘柳黛去吃茶，可能是事实，但张爱玲的服饰，潘柳黛显然夸大其词。张爱玲在《对照记》中特地说明，照相的项链都是从炎樱处借得的，她从来不戴珠宝，显然，这是对潘柳黛不实之词的回击。潘柳黛不觉得自己受到了西洋化的尊重，反觉特狼狈。从张爱玲的寓所出来，潘柳黛便向苏青抱怨，她以为，自己可以将苏青团结为同一战壕的战友，苏青却只笑不答。

在接踵而来的“战事”中，潘柳黛都吃紧：1944年3月16日，《杂志》举办女作家聚谈会，潘柳黛与张爱玲联袂出席。嗑着瓜子，间或吐出如珠妙语，张爱玲说自己的第一次作品是发表在1938年英文《大美晚报》上的个人历险，而第一篇中文作品是《我的天才梦》，她以为，女人的活动范围受到限制，幸而直接经验并不似创作题材的唯一泉源，好的作品里应当有男性美与女性美的调和，女性的作品大都取材家庭与恋爱，笔调比较嫩弱绮靡，多愁善感，那和个人的成长环境、所受教育以及性格有关，不能一概而论，至于取材，也有听来的，也有臆造的，但大部分是张冠李戴，从这里取得故事的轮廓，那里取得脸庞，另向别的地方取得对白，张爱玲的话不多，但每一字都耐人寻味，每一句都带有精华。

当问到“最喜欢的女作家”这一话题时，张爱玲更加坦诚：“踏实地把握生活情趣的，苏青是第一个。她的特点是‘伟大的单纯’。经过她那俊杰的表现方法，最普通的话成为最动人的，因为人类的共同性，她比谁都懂得。”而苏青也说：“女作家的作品我从来不看，只看张爱玲的文章！”

一枚瓜子卡住了门牙——潘柳黛的脸色渐渐暗了，她心里翻江倒海地泛起了嫉妒和失落。

上海滩上飙起的张爱玲旋风在肆意吹散，胡兰成赞美着，苏青维护着，众人追捧着，“有人得意就会有人失意”这话，真的一点都不假。

中国文化精深，一个“隐”字，可以说是千年中华女性的性格常态，她们生存的意义与价值在历史大潮中飘摇不定，有人弄文，有人耍政，有人妄想流芳千古，在张爱玲生存的年代，风云变化，更有一番不同。

在上海曾经发生过这样的事情，一个报童扬着小报，大喊：“看文坛最走红的三位女作家的漫画《钢笔与口红》。”报纸一抢而空。漫画上的三位女作家着实令人莞尔：“事务繁忙的苏青”一手挟稿件，一手拎公文包；“弄蛇人潘柳黛”，手上盘弄着一条蛇；“奇装炫人的张爱玲”，穿着一件古装短袄。

我们不得不承认，此画逼真至极。苏青是真忙，又办杂志，又组稿，还忙着兜售《结婚十年》，她忙得俗，亦忙得雅。张爱玲古装短袄，华衣炫世，自弹破了人们的眼珠，还算正面形象。相形之下，潘柳黛的负蛇而行便有多重含义了。蛇加于女人身上，情形便不太妙，很容易令人想到美女蛇。

不管什么年代，女人都喜欢逞口舌之利，都喜欢高高在上，享受万人膜拜的尊贵。风起中，花的清香盖过露之轻灵，便会引发微妙的变化，她们笑谈间俨然有金戈铁马，手中笔失去温雅的墨香，成了鄙人之剑，大有横扫三军之势。潘柳黛挥笔，以戏谑的口吻发表了一篇《论胡兰成与张爱玲》的游戏文章，以“幽他一默”的姿态，把胡兰成大大调侃了一顿。

首先把胡兰成自诩当时“政论家第一把交椅”“和平运动时位居第五”的事大大挖苦了几句，接着，用断章取义的手法问胡兰成对张爱玲赞美“横看成岭侧成峰”是什么时候“横看”，什么时候“侧看”。这还不算，最后把张爱玲的“贵族血液”损得更厉害。

胡兰成说张爱玲有贵族血液——李鸿章的重外孙女。潘柳黛说这关系就好像太平洋里淹死一只老母鸡，上海人吃黄浦江的自来水自称“喝到鸡汤”的距离一样，八竿子打不着的亲戚关系，如果以之证明身世高贵，根本没有什么道理。

而潘柳黛对张爱玲的这通挤兑、排揎，亦代表了众多女作者对她的普遍情绪——张爱玲如一轮红日打地平线腾起，那种热力和光芒，让人心理失衡，情难自已。普通女作者，充其量只算作张爱玲背后的“地平线”。自知才情不敌张爱玲的潘柳黛，只是以笑骂来遮掩不足，昭示早已捉襟见肘的优越性罢了。

细细想来，女人真是奇怪的动物，她们任性而变化无常。曾经同在一个茶桌前，细品茉莉的芳香，结果翻脸一变，成了刺伤最真的那把刀，张爱玲愕然亦坦然，或许她早已看透，若不是同路的人，何必非要走在一起，浪费了好茶方是可惜了的。

《红楼梦》中妙玉相当清高，能真正入得她眼的人只有林黛玉一人而已，在她看来林黛玉纤尘不染，清洁高贵，不像府里其他人那般勾心斗角，俗气缠身，如若林黛玉是清晨碧湖中的那抹白莲，那么妙玉就是莲荷身际的晨雾，同样的现于观园，漠于观园。

《红楼梦》中有着太多的美好女子，她们都有着花样的容貌，月样的柔情，可偏生在世道淡凉的官宦府宅，受尽苦楚，历尽艰辛。林黛玉焚了书稿，花魂尽散；探春飘然远去，一生孤苦；史湘云独守苦海，水色苍凉；王熙凤生前心已碎，死后性空灵。而那些亦牵引人心的丫鬟们也没有好的着落，晴雯含冤而死，鸳鸯为保清洁而亡。真真是“血雨花瓣泪，柔情古难全”。（出自《红楼梦》）

第六章

莫道不消魂

携手今生

清晨的雨露，轻轻敲响洁净的玻璃，推开窗，迎来满世界咖啡的醇香。风，静静带起雪白的窗帘，张爱玲探出头，发丝划过脸庞，痒痒的，她微笑地闪躲，看着街道上车来车往，寻觅那个熟悉的身影。

张爱玲是傻的，傻到掉进世俗无法接受的怪圈里，亦觉得开心。胡兰成是残忍的，他明知道自己给不了张爱玲永世的爱情，依旧抱有那份自私和侥幸，像荷塘里莲藕的痴连，一丝一扣，注定纠缠着不能分离。

而胡兰成的第二任妻子全慧文是苦的。但还是比时时生活在贫苦困窘中的第一任妻子玉凤要好，虽然这好亦有限。她跟着胡兰成流离南北，当生活刚有了希望时，一切又以一张离婚协议了结，没了她的份。

细细想来，多情如胡兰成能做出这样绝情寡性的事情亦属罕见。全慧文为胡兰成生养了最多的孩子。胡兰成现在大陆的六个子女，全慧文是四个孩子的母亲。曾经的恩爱，已如昨日黄花，不知胡兰成是否心酸？是否难过？是否给过像样的“遣散费”？在那个黑暗动荡的年代里，女人就是风中残落的花，离开枝叶的拥抱，飘零是唯一的途径。若上天垂怜，到了干净的、好的地方，亦是福气。若去了脏的臭的地方，心境枯槁而死，方是悲苦。

全慧文自此以后的命运如何？根据胡兰成与全慧文的儿子近年公布的回忆说，全慧文精神有病，晚年由其子女抚养。不知其病是否与胡兰成有关，或与离异有关？是因病而离？还是因离而病？不得而知，但胡兰成对其的不仁不义是毫无疑问的。胡兰成对此无一句话可说，在其回忆中无一词辩解。是愧疚还是无言？贾宝玉曾在金钏儿跳井后，饮泣不已；在晴雯含冤而亡后，写下祭文，以表追思。他虽有太多不妥之处，但如此一来，亦叫人理解释怀。而胡兰成对妻子的寡义，真让听者心寒，闻者心怒了。

与全慧文离异前后，胡兰成结识了舞女出身的应英娣，成就了他的第三次婚姻。英娣非常人，不能以常理形之。她在风花雪月之地逗留太久，懂得太多人性阴暗之处，看得开，想得透，对胡兰成未必有多少真情，但对他的权势、财产亦相当好奇了。

世故的人，用世故来为人处世；现实的人，用现实的方法追求自己所谓的幸福；痴傻的人，在繁复的红尘中，一刀一刀，削割热情，最后埋进尘埃中，幻想自己的幸福。

张爱玲是痴傻的人，英娣却是世故而现实的人，她知道怎么才能叫自己幸福，风光。

结婚后的应英娣不肯走进胡兰成上海的家，她可没有孙用蕃那般“柔情”，明知道有麻烦还要跳进去，她直接拒绝。而怜香惜玉的胡兰成自然亦不愿意将她带进自己的家受委屈，陷入一大群没有母亲的孩子中，他娶这位战时夫人本不为儿女。他将前两次婚姻遗下的儿女，留在了上海，留给了忠心耿耿的侄女青芸，自己带着新娶娇妻往南京安家。

此时，他被解职宣传部次长后又重新出任法制局长，法制局长需长驻南京，而法制局长职又实在轻闲，每日只需办公三四小时，他与应英娣别营安乐窝，陷入温柔乡中，很过了一段舒服的小家庭生活。

有婚姻才有家庭，而家庭的主要成员是父母、孩子，手拉着手，站在一起，面对未来的风雨，这样的家庭需要太多的责任、耐心与热情。张爱玲小时的家缺少这一切，所以她感觉自己就是孤苦无依的流浪儿。胡兰成小时的家亦缺少这些，因为贫苦，但就因为自己曾经苦过，才该懂得珍惜，给孩子妻儿一个安定的容身之地，然而他为了自己的多情而滥情，草率地了绝了这一切。风更沉了，雨更冷了，风雨无情中，中国大地上更增添了无助的孩童。

胡兰成与英娣的婚姻持续了两年，直到胡兰成与张爱玲相识，相恋。张爱玲傻得叫自己成了卑微在尘埃里的花，反而英娣不能接受胡兰成的这种背叛，大闹特闹，弄得满城风雨。可无论是胡兰成还是张爱玲的笔下，未见有一字半句提及，可见两人的文章素养。

1944年8月，英娣提出与他离婚。这给了张爱玲与胡兰成的爱情一个升华的机会——结婚。他们就这样结婚了，没有法律程序，只是一纸婚书为凭。因为胡兰成怕日后时局变动，自己的身份会拖累张爱玲。没有任何仪式，只有张爱玲的好友炎樱为证。

“胡兰成与张爱玲签订终身，结为夫妇。愿使岁月静好，现世安稳。”前两句是出自张爱玲之手，后两句由胡兰成所撰。就这样，他们的感情有了一个踏实安稳的关系——夫妻。

岁月静好？现世安稳？在那个战火弥漫的时代，何来静好，何来安稳，这是胡兰成真心的期盼，亦是他们婚姻维系的根本，张爱玲知道，胡兰成亦知道她明了，却仍不能不看其颜色，担心她会多思。

其实，胡兰成对张爱玲在某一态度上是真心诚意的，不管做什么，想到的都是她的反应，怕她不开心，一起看书看画，也老是揣摩她喜欢与否。有朋友求他引荐要与她见面，他多半拒绝，只有池田是例外。因为池田于他有恩，亦因为池田对张爱玲真心敬重。有一次，池田借他一本珍贵的日本浮世绘画册，张爱玲赞了句好，池田立刻便要送给她，然而正如胡兰成所料，她还是拒绝了，她不会轻易接受任何人的好。

胡兰成与张爱玲的结合，世人已写了许多，欣赏乃至崇拜张爱玲者，为使张爱玲完美，将一切加以美化或丑化，包括张爱玲与胡兰成的恋情。美化者认其为奇情别恋，是乱世中的一段轰轰烈烈的热恋，用三毛的话可称为“红尘滚滚”；丑化者将其看作张爱玲纯情而上当受骗，或说成是胡兰成的负心与浪子浮萍辜负了张爱玲，斥其为“下作”。于是恨胡者欲其死，爱胡者愿其生，众人就是见不得平常。

难道因为张爱玲不平常，她的爱亦不平常？其实细细想来，张爱玲的爱只是男女之间纯粹的爱。纯粹，不添任何杂质，少了现实风尘的爱，不平常亦平常。本来在那个被封建统治多年的中国大地上，男尊女卑的思想深入人心，就算脱俗如张爱玲者亦是看着父辈们妻妾成群过来的。她鄙视，却容忍风花雪月，摆脱不了，她嘲讽，却深陷尘埃凡土，挣脱不掉。所以她的原则是退一步，静眼旁观地看着胡兰成左拥右抱，只求自己在他心目中能拥有一份异于她们的怜爱。

特别之人，行特别之事。完美之人，恐难保声之完美。张爱玲是古琴，萧宸的曲子成其灵魂的思乐，每一根弦都有着耐人寻味的意念。风轻云净中，坐在碧波荡漾的青柳湖畔，轻轻弹奏，一根一根，轻扬若河，淋漓而精致。张爱玲的美，是湖中的烟，走近了，看不清，离远了，看不懂，缠缠绕绕，引人深思。

与胡兰成携手的这段时间，也是张爱玲创作生涯中的黄金时间。出版了《金锁记》，然后就是1944年的六篇：《年青的时候》《花凋》《鸿鸾禧》《红玫瑰与白玫瑰》《桂花蒸阿小悲秋》《等》，可以清楚地看出，1943年10月是张爱玲小说环境背景变换的一个分界点。张爱玲小说的环境背景从香港转到了上海。

1944年8月15日，张爱玲的小说《传奇》出版，并在书前题词：“书名为传奇，目的是在传奇里寻找普通人，在普通人里寻找传奇。”

她在普通人中找到了胡兰成，亦与胡兰成演绎了传奇。她就是想告诉众人，四面楚歌又怎样？天理难容又奈何？她干干净净的人，就要做干干脆脆的事，别人的非议都与己无关。她的传奇要自己来演绎。

《传奇》不愧为传奇，刚一出版，四日内，便销售一空，只能再版。12月又出版了自己第一部散文集《流言》，自做插图多幅。在紧锣密鼓地出版自己文集的同时，张爱玲又亲自执笔，将《倾城之恋》改编成话剧，由柯灵牵线，介绍给大中剧团排演，导演朱端钧，当时与费穆、黄佐临、吴仞之并称为上海话剧界“四大导演”。

而《倾城之恋》话剧的成功，竟然是张爱玲在上海滩最后的辉煌，此后虽然亦时有佳作，引起波澜，但总是褒贬参半，忧喜相随。张爱玲的传奇，张爱玲的爱情，随着时代的车轮，辗碾成泥，面目全非。

正如《倾城之恋》所说：“有一天，我们的文明整个地毁掉了，什么都完了——烧完了，炸完了，坍完了，也许还剩下这堵墙，如果文明那时候在这墙根底下遇见了，也许你会对我有一点真心，也许我会对你有一点真心。”这里的真，是以毁灭为代价，因为倦了，累了，所以剩下劫后余生中那残喘的一点点本心，风吹不散，雨打不落的真心。

风云无情

在乱世中寻找家的感觉，就宛如在阴雨连连的初秋，寻找春暖花开的痴傻，痴得可人，傻得心酸。

苏青和张爱玲都是痴傻之人，所以她们可以成为朋友，懒懒蜷在爱丁顿公寓里，泡一盏清茶，清清淡淡，口齿留香。苏青是个热情直率的人，像春风中最早探出头的迎春花，端庄秀丽，气质非凡。随风轻轻一个摇摆，便带着清雅的素香，醉人的，亲人的。张爱玲则是内向安静、斤斤计较的女人，她不占别人便宜，别人也别想占她的便宜。要让她只写稿，不给钱，或者是给很少的钱，她是绝对不会答应的。她成名前如此，成名后亦是如此，她戏称为世俗的清洁。而张爱玲对自己的评价更是风趣："平常看人，很容易把人家看扁了，扁的小纸人，放在书里比较便利。"

苏青听后，笑而点头。所有人都说同行之间，同性之间，很容易产生嫉妒和嘲笑，但苏青和张爱玲却不曾这样，她们惺惺相惜，尊重对方，也在字里行间读懂了对方。苏青的婚姻是父母包办的，她嫁给了不能持家又有少爷自尊心的丈夫，这叫苏青很是痛苦，最终离婚。

此后一个瘦弱女子身上担起更多家庭的重担，除了自己的孩子需要照顾，还有母亲和生了肺病的弟妹需要照顾等等烦恼的问题。然而苏青仍然活力四射，一个人办着杂志，集策划、编务、发行于一身。在偷闲里还要自己创作，写着小说、散文，成绩可观，叫人惊叹，叫人镇服。想来巾帼不让须眉便是此般吧。

后来在一次杂志举办的谈话专访上，问及家与丈夫的人选时，苏青的答案清楚明白："第一，本性忠厚。第二，学识财产不在女的之下，能高一等更好。第三，体格强壮，有男性的气魄，面目不要可憎，也不要像小旦。第四，有生活情趣，不要言语无味。第五，年龄应比女方大五岁至十岁。"

其实张爱玲知道，苏青最开始的回答不是这样的，她曾经希望是一个青年，漂亮的、多情的男人，夜夜偎着，并头睡在床上，不必多谈，彼此都能心心相印，灵魂与灵魂，肉体与肉体，永远融合，拥抱在一起。

简单，美好，亦灼人，是少女怀春中最艳丽的风景，然而岁月无情，红尘繁复，胭脂染不红脸颊的苍白，彩衣掩不住满身的失意，生活的巨轮一次一次对人心进行粗犷的磨砺，情感悄然磨灭，现实成了逾越不了的鸿沟，黑潮暗涌，女人对丈夫的希冀与要求只能越来越低，低在柴米油盐中。

徐志摩与陆小曼曾经的痴狂绝恋，感天动地，不知骗来多少痴男怨女的眼泪，诗的风情，画的浪漫，交织缠绵，似乎永世不改。他们恣意昂着头，望着天，什么世俗，什么道德，什么朋友，都统统抛之脑后，轻装上阵，只为在爱情的路上走得更远。然而在现实的丰碑下，他们依旧败下阵来，跌进世俗的圈子，不得翻身。徐志摩如此，陆小曼如此，苏青亦是如此。这不是他们的错，只能说缘分太薄，薄到承受不起"一粒米"

的重量。

只有跌倒过才知道如何走得更稳，只有失去过才知道何谓珍惜。大家都清楚，感情和物质是婚姻的基础。尤其是物质，贫困夫妻百事哀，没有感情尚且可以苟且维持，但是缺少物质的支柱则万万不能。在冰天雪地吃冰激凌，初次是浪漫，再次是冰冷，最后该是雪色漫天，人影无痕了吧？！皮之不存，毛将附焉？

张爱玲和苏青都是辛苦自立的女人，她们挣扎在现实生活里，挣扎在生存的艰辛里，为了能够活的好些，拼尽了力气与才智，然而最终这愿望都没能实现。张爱玲漂泊一生，从来没有过一所属于自己的房子，从来没有家。苏青的命运更是悲惨，晚年因为涉嫌“胡风案”，亲人都与之划清界限，饱受世人冷眼讥讽与病魔的折磨。

时代的洪流对女子向来不心慈手软。她们期盼，她们翘首以望，但细雨纷纷而落，淋了一身的湿意，一身的悲哀，一身茫然的失措，究竟是什么地方错了，命运如此折磨？难道真如张爱玲所说，生命是短的，磨难是长的？在漫漫长夜等待黎明的到来，眼望穿了，心磨痛了，手下的笔却从未停歇过，这是文人的幸运，亦是文人的悲哀，只能用文字来释放下自己的情感，而张爱玲更是悲哀中的悲哀，她只能戴着别人的面具，悄悄释放着。

昂首望天，满天星辰，一点一点，带着空洞的温存，她试图微笑，但笑容未成形，便冰结在嘴角边。她无法忽略掉胡兰成结婚时所写的誓言——“岁月静好，现世安稳”。就算张爱玲再不关心政治，她亦感觉到街头人的变化，中国这条古老的巨龙已经缓缓朝着光明移动，一切是真的静好，现实亦是真的试图安稳？可张爱玲的安稳呢？低低的沉闷围拢过来，冷冷的，冰冰的，张爱玲感觉手指发凉了。胡兰成向来比她敏感，有未卜先知的本领，在结婚的时候，他希望的静好，已悄然发生了变化，他意欲如何？

忙碌一天的电车已经回家了，它的归属简单而安静。醇香的咖啡气息已经在风中慢慢变淡，没了一丝可追寻的痕迹。原来斗转星移，世态变幻，都在无痕中悄然演绎，注定。人类只有接受的命运。昂着头，轻轻叹息，繁复红尘中，我们一路奔波，忙碌，探索，渴望，而岁月静好，风轻云淡中将行囊装满，除了泪就是无奈的思忆，无力更改。

时局明显地发生着变动。日军在中国的势力已经江河日下，苟延残喘。胡兰成何等敏感，他知道作为汪伪政府的官员，危机已经慢慢逼近了他，他彷徨而紧张，每次回家，看到街巷口那只流浪狗，在垃圾桶中翻得一块骨头后，摇着尾巴，开心离开时，他就满心惆怅。或许卑贱，但此时此刻他真的觉得自己就是这只狗，天大地大，竟不知何处能安身。

所以傍晚时分，两人站在张爱玲家的阳台上，口中清茶的醇香还未散去，懒懒的，忐忑的。风萧索地围绕在身际，带起衣襟翩翩。胡兰成看着张爱玲，不失痛苦地对她说了当下的时局，恐自己将来有难。张爱玲虽对政治不敏感，但此刻，她亦知道，这个国真切地连上了她的家。国全了，家没了，是悲哀？是可笑？还是命中注定？在汉乐府中有“来日大难，口燥唇干，今日相乐，皆当喜欢”的句子，张爱玲此刻是真切地体会到了其中的含义。如果可以，她希望时间可以停顿下来，只留在今日，但谁又都知道这是不可能的。

时间是最无情的家伙，不管你同意不同意，都会恣意带走一些东西。而岁月无情，拼了命的要在人类光滑的肌肤上留下丑陋，似乎只有这样才对得起它的使命。

胡兰成说：“将来日本战败，我大概还是能逃脱这一劫的，就是开始一两年恐怕要隐姓埋名躲藏起来，我们不好再在一起的。”张爱玲笑道：“那时你变姓名，可叫张牵，或叫张招，天涯地角有我在牵你招你。”就是这样真实的期盼，就是这样真心的祈祷，他们相对凝望，眼中都有着深切的哀伤，明白分离近在眼前，相守的日子已如昨日之花，飘然凋谢了。

岁月真的太过无情，相爱的人很难厮守终身。而时间又是那样一个残酷的东西，一天一天辗转，辗掉心底的牵挂，转掉灵魂的呼唤。从习惯静静依偎，到慢慢适应独自生活，爱情在眼中消落，无痕无迹。他们总说风雨无情，可风还带着柳絮的牵挂，雨还承着雾的清凉，而人，轻轻一个转身，就忘了曾经的天长地久！

他们总说落花有情，流水无意，但在时光的长廊中，真的无法分辨出落花与流水，到底是谁有情，谁无意，或许并无情意可谈，不过是红尘中一场平凡的相遇，一旦分别，两无痕迹。

那是最后一次，胡兰成陪张爱玲去看崔承喜的舞，张爱玲很是喜欢，喜欢那里连讽刺也是这么好意的感觉。悲剧使人笑出声来亦不失是种本领。一般的滑稽讽刺从来没有像这样的有同情心。卓别林的影片不错，但流浪人的做作近于中国的名士派，张爱玲是最不屑的。

回来时下雨，两人在戏院门口叫了一辆黄包车，挤上去，放下雨篷子，张爱玲穿着雨衣坐在胡兰成的身上，虽有欠妥，但亦亲和，望着外面流雨连连，轻轻洒洒，像呼唤，像悲歌，细细碾轧成团，一起飘进心里。张爱玲的心是冷的，但在胡兰成的怀抱，她亦觉得是幸福的，爱情实质上的脆弱从不曾将她砸醒。

1944年11月，胡兰成到湖北接编《大楚报》，开始了与张爱玲的长期分离。张爱玲除了写作外，每天都会依窗而立，感觉着风的清凉，雨的萧索。

> 寂寞深闺，柔肠一寸愁千缕。惜春春去，几点催花雨。倚遍阑干，只是无情绪。人何处，连天芳草，望断归来路。（李清照《点降唇·寂寞深闺》）

她等待的男人，在天的另一边。那是一个时常有警报和空袭的时期。有一天，胡兰成在路上遇到了轰炸，人群一片慌乱，他跪倒在铁轨上，以为自己快要被炸死了，绝望中，他只喊出两个字："爱玲！"可见这个时候，他还是全心爱着张爱玲的。

然而在多风多雨的红尘路上，客来客往，缘起缘落，谁又是谁三生石上的依偎？月有阴晴圆缺，人有悲欢离合，自古以来，太多的智者已经道明了其中的凄凉。人世沧桑，千年一晃而逝，人类依旧演绎着相同的故事，痴男怨女，冷暖爱恨。黑夜中，谁能分辨哪一屋的烛灯是为你点亮？

胡兰成是戏灯之人，他像一个收藏家一般，贪恋地将身边与之不同的美人都收敛入怀。英娣是艳的美，张爱玲是智的美，而小周便是温婉之美，细致的，弱小的，真的很小，她跟胡兰成在一起的时候才只有十七岁，不知道放在此时的中国，胡兰成会不会被推到法庭，扣上一个诱拐少女的罪名。

在武汉，张爱玲望尘莫及的地方，胡兰成与汉阳医院的护士周训德相识，并很快如胶似漆。和以往一样，他并不向小周隐瞒张爱玲，他坦白得近乎厚颜无耻的举动叫“张迷”们愤恨不已，但亦有很多人青睐于胡兰成，毕竟他坦白，不像更多男人用隐瞒欺骗的手段，戏耍幼稚无知的生命。这两股力量形成了惊天的浪涛，从民国一直刮到二十一世纪，依旧没有胜败之分，其实当事人已飘然而逝，争来争去又有何意义？倒不如轻轻放在心底，细细品味。不过话说回来，不管一切是“是”也好，“非”也好，唯一肯定的是胡兰成都因为辜负一个天才女子而背上这一世争议，并因此被万人记得，算来也是因祸得福，值得庆幸了！

因为张爱玲的存在，小周进门就只能做妾了，但偏小周的生母就是妾，她的反应是，不能娘是妾，女儿也是妾。于是胡兰成又进行了一次婚礼，这次似乎全然忘了张爱玲的存在。他那么喜气洋洋，兴致匆匆，宛似初次结来百年之好，红烛、红衣，一片喜气，而远方有个痴傻的人对一切一无所知。她给他写信来，软软的还向他诉说自己生活中的琐碎小事，清丽的文字一如既往地带着相思与牵挂，她竟还是那样投入地爱他。那一刻，胡兰成心里会不会有一点心酸和愧疚？

倚窗而立，那薄薄信纸中的真情是他无以为报的，望着身边个这个如花似玉，为他付出青春的女子，他可会感觉到自己灵魂深处那份残忍的自私？将心比心，他若是张爱玲，情何以堪？他若有女，托付终身的男人似他这般，又将如何处之？天地之大，理字立在沙石之上，天看得到，地看得到，人心亦看得到。不管胡兰成在《今生今世》中为一切如何辩解，他都不是一个有责任感的男人！

1945年3月，胡兰成从武汉回到上海。在张爱玲处住了一个多月。此时，他才将小周的事情告诉了张爱玲。风似乎更大了些，冷冷地从窗子窜进来，打凉了身，打痛了心。张爱玲看着这张熟悉得不能再熟悉的脸庞，她忽然心惊地发现，不知何时变得如此陌生。

是嘲讽吗？张爱玲那一刻清晰地明白何为欲哭无泪，她僵坐在红绸椅子里，震动得无以复加。她的情，她的爱，她的呼唤与期盼，最终真的被胡兰成践踏到尘埃里。张爱玲看着他，泪慢慢地蔓延上来，她立刻咬住自己的嘴唇，用疼痛逼回了泪。她究竟变成了自己笔下的女子了，在被如此戏弄后竟然还深爱着眼前这个坦白的男人。

或者这也是男人的秉性吧，自古以来，老祖宗已经用了太多的词来形容他们：心猿意马，拈花惹草，寻花问柳，见异思迁，朝秦暮楚，多情而滥情。张爱玲懂得，因为懂得，所以慈悲。她此时只求在他心目中自己异于其他的女子，于是她默默承受。两个人在一起，胡兰成倒是再也不提小周了，也许他就是这样一个只看见眼前的人。

5月，胡兰成又回到了武汉。一见到小周，就有了另外一种新鲜和回家的感觉——他似乎又忘了张爱玲了。

女人似乎天生就是弱者，等人关爱，等人守护，等人一起维系一个家，张爱玲从小就希望能有一个遮风挡雨的真正的家。可世态炎凉，人性寡义，她懂得，所以慈悲，但慈悲并不代表不揪心的痛。真的好痛，比被父亲暴虐时更痛，那时张爱玲会用笑与冷漠来保护自己，现在她就是失去贝壳的寄居蟹，完全袒露在风雨里，无依无靠。

背叛的心

在中国千年史册中，不管怎样的王朝更替，都是中国本土的各族在争夺统治。而腐败的清朝被异国撬开大门后，整片大好河山陷进疯狂的杀戮中，血色漫天，哀嚎不断，本为主人的中国人沦为奴隶，备受欺凌。人们趴在地上，残喘挣扎，终于看到光明将近，而日本本土惨遭轰炸了断了一切战争的血色。

1945年8月15日，日本投降。中华神龙为之振奋，举国欢庆，这片大好河山在经历过被日本人压迫，被八国联军践踏，终于回到了中国人自己的手里。那一刻慈禧是否会羞愧无言？李鸿章是否会感叹万千？他在欺压者面前无言辩解，含泪而死，此时此刻，看到眼前的一切，在尘埃中也该瞑目了吧！

城市张灯结彩，满城锣鼓，所有的人都拥挤到街头，议论着，欢迎着，热闹非凡。只有胡兰成躲在窗后，透着厚厚的帘子，听着一切，看着一切，他知道自己的末日终于来了。在没有日本人的土地上，他似乎宛若浮萍，没有了立足之地，难道就只有放手了吗？胡兰成真的很不甘心，于是决定孤注一掷，拼死一搏。

蒋介石因一时来不及接收沦陷区，又恐其落入共产党手里，便委任叶蓬为第七路军总司令，暂控鄂赣湘秩序。胡兰成趁叶蓬由南京返武汉任职之前，联合了汪伪第二十九军军长邹平凡，连夜将叶蓬的特务营缴了械，宣布“武汉独立”，成立了所谓“武汉警备司令部”。以邹平凡为司令，收编了汪伪的另外两个师，又向日军要了一万人的装备，如此拥兵数万，成了一方势力。

胡兰成终不能忘情于他梦中的“大楚国”，想趁乱也来个“民间起兵”。但他到底是文人，且过于狂妄，这样的逆流而动，怎能有好结果？恰在此时，命运偏也跟他过不去——他不早不晚得了一场登革热，大睡了七天七夜。

待得醒来，他的武汉“独立”大梦，在人心渴望光复的潮流下，已土崩瓦解！那位邹平凡“司令”投靠了蒋介石，还请来了重庆方面的接收大员袁雍。袁雍倒也没小瞧胡兰成，特地给他送来了“民国政府”的委任状，但胡兰成只是虚与周旋。共产党李先念方面派人劝他趁早弃暗投明，他也是不见。

胡兰成曾寄给袁雍一封信，是他给自己留的又一步棋，信中写道：“国步方艰，天命不易，我且暂避，要看看国府是否果如蒋主席广播的不嗜杀人，而我是否回来，亦即在今后三五个月内见分晓，士固有不可得而臣，不可得而辱，不可得而杀者。”

当天，他就换成日本人的衣裳，坐着日本船悄悄离开了武汉。在日本人的安排下东躲西藏。到第三天，改扮成日军少佐，从南京乘火车到了上海，匿居在虹口一个普通日本人家里。这期间，他还鼓动日本军方不要向美军投降，而是把日军与伪军合编起来，形成独立的政治力量，再与美国讨价还价。可是日军首脑对此议迟而不决，他也就心灰意冷了。

他给张爱玲写了一封信，告知了自己的行踪，想让张爱玲稍微放心些。张爱玲此时，也在承受巨变带来的震荡，收到胡兰成的信，真是又惊又喜，也为胡兰成的处境担心。

此外，她心里还有一件事放不下，就是疑心胡兰成会不会带了小周一起回来。不久，“国民政府”开始调查上海的日本居民情况，惩治汉奸的风声也日日加紧。胡兰成心知上海不可久留，便去了张爱玲那里一趟，算是话别。当说到今后打算的时候，他说池田想送他去日本，只是还没决定乘船还是飞机，不过他担心日本人目标太大，自身难保，跟他们走，可能反招其祸，因此还在犹豫。

张爱玲听了，不置可否。日本，好熟悉的地方，曾外祖父李鸿章曾经跟日本有过不解之缘。

李鸿章代表清廷与日本签订《马关条约》，深感耻辱，发誓“终身不复履日地”。后来他赴俄签订《中俄条约》，要在日本换船，日本人早在岸上准备好了住处，可是他拒绝上岸，宁可夜宿船中，次日换乘的船驶来，需先用小船衔接，他听说小船是日本船，便又不肯登船，接待人员只好在两船中间架设飞梁，他才登梁换船，直驶俄国。

张爱玲只是慢慢地讲来，与今日事毫不相干的样子，讲完，轻笑一声，说：“那年他已七十二岁高龄了，倒恁的倔犟！”

胡兰成听了，半晌不语。他对张爱玲的贵族出身向来敬慕，平日里最喜欢听她讲起这些清廷重臣的旧闻逸事。然而，此刻落魄如他，不知为何曾经喜爱的一切变得分外刺耳，就算张爱玲无嘲讽之意，他亦变得相当敏感，自觉话外有音，不禁要恼怒起来，但毕竟离别在即，他亦不忍伤了两人情分，只说：“明天还有得忙呢！”就独自先睡了。

张爱玲立在窗边，久久不曾移动。女娲造人的时候，在其骨血中加了名叫“敏感”的东西。寒风中会感觉到冰冷，烈日下会体会闷热，失落里会默然含泪，孤苦间会悄声饮泣。谁都改变不了，谁都控制不了。

胡兰成走了，张爱玲倚窗独立。她知道，胡兰成必会逃脱，他有那个本事。然而，逃亡过后就该是漫无期限的牵挂了吧。她的爱情终究是纸糊的灯笼，风大些，会沙沙作响，火重些，便焚燃成烬了。

其实，抗战胜利，她亦是高兴的。她曾和炎樱一起，挽着手上街去逛，和人流一起嬉笑颜开，体会空气中的那份自由和自主。她们看见，从前沿街的栏板上，原都是女明星的照片，周璇、李丽华、周曼华，灯红酒绿中对着人们不知疲倦地微笑，人称“招贴女郎”。现在则一律换成了蒋介石像，趾高气扬，不苟言笑。炎樱看着，欣赏着，接着笑嘻嘻地对张爱玲咬耳朵：“看，招贴男郎！”说得张爱玲哈哈大笑，炎樱的机智与大胆着实叫她欣赏。

那笑容下午时还在心底徘徊，可夜色一近，便消失无痕了。风声中张爱玲只能真切地感觉到，自己已经失去了笑的资格！

轻轻回转身子，张爱玲看着客厅里雅致的陈设，这一切都是她与姑姑张茂渊细心挑选，精心设计的，这里留下了自己最美的笑容，记录着她传奇的人生与倾城的爱恋。如今，江河一统，举国欢呼，她的爱情花朵，似乎呈现飘然零落的残影。

张爱玲对情感向来是敏感的，她预感到了一切，却无力改变这一切，就是《半生缘》里的顾曼桢，念着，想着，爱着，却不知道该如何将其演绎成天长地久。而她又向来对自己的恋爱和婚姻保持低调，很少跟人说起。胡兰成著有《今生今世》，却大写特写他的风流逸事。张爱玲身为民国风靡作家必然首当其冲，上面曾语焉不详地写过这次离别：“唯对爱玲我稍觉不安，几乎要惭愧，她是平时亦使我惊。洛神赋里有翩若惊鸿，西厢记里有惊艳，红楼梦里林黛玉初见贾宝玉吃了一大惊——我从爱玲才晓得人世真是这样的令人惊。但我当然是个蛮横无理的人，愈是对爱玲如此。”

张爱玲如何令他“惊”，他又如何对张爱玲“蛮横无理”？他因何事“几乎要惭愧”？皆无法知道内情了。但可以断定，小周之事，必是他们中间的梗芥。

胡兰成先于侄婿沈凤林在绍兴的姐姐家暂住几天，便前往诸暨斯家去避风头。斯家的儿子斯颂德是胡兰成的高中同窗，胡兰成曾在斯家客居一年，对斯家甚是熟悉。斯家的男主人已逝，是斯家主母维持生计。范秀美是庶母，大胡兰成两岁，曾经与斯家老爷生有一女。

斯家人带他东躲西藏仍觉得不安全，此时国民政府颁布了《处理汉奸条例草案》，他亦榜上有名，又风闻周佛海被蒋介石软禁，陈公博在日本开枪自杀未遂，汪政府的大小汉奸被抓起来的有一万多名，就连埋在南京梅花山的汪精卫墓，也被蒋介石下令炸掉。

在胡兰成看来，“一朝天子一朝臣”，以往风头最劲的人物，最终只能落得最凄惨的结局。他感叹之余亦如惊弓之鸟，唇亡齿寒，斯家人大概也是怕受牵连，便让范秀美送他去温州娘家躲藏。

一路护送中，胡兰成又因范秀美的温雅心动。如果说张爱玲是惊世的风，那么范秀美就是尘埃中最渺小的石头，简单，安然。风动，它静，风去，它亦静，看似毫无个性，却更成就了一种别具一格的个性。陪同胡兰成，一路有忧有喜，牵牵绊绊，算来亦是难得的患难之情，所以未到温州，两人便已做成夫妻。而范秀美的命运却未见得比胡兰成其余那几位妻子来得好，她就像三国里的貂蝉，利用过了，或爱过了，最后却不知所终。

胡兰成的《今生今世》，前段还盛赞范秀美是助夫的樊梨花，后段笔锋一转，写自己去台湾，居日本，一笔也不再提起范秀美，丢得何等轻快，何等干净，何等迫不及待！范秀美与胡兰成，按理说称得上真正的患难夫妻，但最后，胡兰成还是把她当作了一个渡口。在日本，胡兰成与日本女人一枝共处两年，最后被黑帮老大吴四宝的遗孀佘爱珍强大的气场吸引住，与人家终老了。范秀美彻底地变成尘埃中的那颗石头，湮没于茫茫人世中，一个影儿都没有。

不能怪世态无情，怪只能怪女子痴情。而范秀美又没张爱玲与佘爱珍那么有名，淹没在尘埃里是必然，亦是幸运。写到这里想到了风靡一时的《美人心计》中窦漪房的感叹，若可以，她会选择另外一种人生，安静的，过着寻常老百姓的日子，知道花是美的，风是静的，夜色降临，在昏暗的烛光中，望着孩子与丈夫熟睡的脸庞，会幸福地微笑。

幸福是什么？有人说幸福是跟自己心爱的人，携手一起生活，想来她是痴情干净之人；有人说幸福是拥有足够的金钱，可以呼风唤雨，随心所欲，想来他是现实冷静之人；亦有人说幸福是一种贪念，人生中悲大过喜，迷失多过清醒，想来他是失意压抑之人。当晨风轻轻敲响窗棂，燕儿舒展羽翼，细声的呢喃划过雪白的窗帘，沉寂的房间缓缓多了淡雅的墨香，素衣女子飘然而立，在宣纸前勾画幸福的影子。其实幸福真的很简单，就是不经意间流露的那点灵性，那份雅致，那份心灵沉静后的世间百态。

幸福在乐观人眼中四处可见，幸福在悲观人心中无处寻觅。佛说，人性本贪，妄想得到的太多，又不懂珍惜，最终只会丢失得更多。有一碗羹，有一盏灯，有一卷书，有人坐在床前，轻轻缝补旧的衣裳，日子安静平稳，是否心感安慰？其实生活很简单，何不放下心中复杂的贪念，去闻闻花香，去看看柳青，去寻找一个叫心灵真正安静的角落，煮一杯清茶，找两三知己，闲叙半日，不是比在战场厮杀更好吗？

人总是不知足，但人生就是一场修行，若想快乐就要慢慢学会知足！

红楼一梦

忘了曾经是谁说过这样的一段话："细节成就好的文章，细处见晓男人的秉性。"

《红楼梦》一书絮絮叨叨，写的都是极其奢侈豪华的陈设、菜肴等，但却有叫人百看不厌的本事。就连刘姥姥进大观园，询问一道茄子的做法都被人细细记在心里。细处充满着生活情趣，而细处亦见得人心所向。贾宝玉的多情，林黛玉的痴情，薛宝钗的才情，一一印来，在极致的院落中演绎官宦家族的波澜。"花开花落惜天定，人生人死泪沾襟。痛念昨日伤寸怀，魂飞湮灭无斥茫，硝烟已定，人魂何在？阴风阴雨阴时廊。"

举国检举讨伐汉奸，苏青也被抓捕了一回。报纸上含沙射影地指责张爱玲是"海上文妖""汉奸之妾"，说她在《杂志》《古今》《新中国报》这些汉奸报刊上发表作品，还参加亲日活动。

年末上海大时代书社出版的《女汉奸丑史》，更是明明白白将她和李香兰、陈璧君（汪精卫之妻）、莫国康（与陈公博有染）、佘爱珍（汪精卫特务头子吴四宝之妻，后与胡兰成结合）相提并论，咒骂"无耻之尤张爱玲愿为汉奸妾"。

张爱玲躲在公寓里，终日恍惚，不再写字，因为她知道不管曾经是多风光，此时亦无处愿意再发表她的文章了。江山更主，风云惨变，对普通老百姓或许不会造成太多的困扰和牵连，但是对于一些名望之人，必然是一边天堂，一边地狱了，张爱玲无非是属于后者。

在这期间，她会不时地想起，自己曾经被父亲暴虐软禁，那时是何等的心灰意冷，渴盼自由；在香港大学，遭遇太平洋战争而躲在宿舍楼最下层，心惊胆战，饥肠辘辘，唯有书给她带来些许的慰藉；而如今，她躲在公寓里会笑，虽然那笑容最后只带有一点点自嘲的讽刺。

战争胜利了，她却失去了自己文学创作的舞台，失去了刻骨铭心的爱恋，失去了安稳风光的生活。每当月落西沉，她总会自问，究竟是什么地方错了，叫她背负一切。可房间空空落落，霞光只会独自起舞，细微的灰尘只会在空气中漫步，四处好安静，太安静了，没有一个声音愿意回答她，她已如蛇蝎，叫人避之唯恐不及。

她忽然想到了潘柳黛在《退职夫人自传》中，曾提到重庆人办的报纸编了整版的“扫妖特辑”，并且抗议：

> 我固然是沦陷区活过来的老百姓，然而我在沦陷时活得那么悲苦可怜，我是苟延残喘地挣扎着活到了现在，就连苟延残喘也不让我活了，我真想对谁去控诉，假若我有祸国殃民的罪行，那么任何人都可以到有司去检举我，假若我没有祸国殃民的罪行，那么就应该停止了无聊的谩骂，使我还能凭我的能力生存下去，那些唱高调的人说：‘饿死事小，失节事大。’那是因为他们还不至于‘饿

死’，所以才乐得冠冕堂皇唱这种高调。

本来，张爱玲与潘柳黛已经形同陌路，至死不想往来，但不得不承认，她这一笔代表了张爱玲的处境和心声。她的孤苦无人知道，她的担忧和牵挂亦无人谅解，望着满街的彩旗丝带，想起曾经与胡兰成的柔情蜜意，她的心抽痛地撕扯着，她想去找他，她那么渴望在他的怀抱里找到一丝丝的温暖和依靠，她累了，真的真的好累了。

1946年2月，张爱玲踏过漫漫长途，一路寻到温州，只为见到胡兰成。然而命运是何等残酷的家伙，它再次无情地戏弄了张爱玲的真心。在旅店里她见到的还有丈夫的新欢——范秀美。而胡兰成亦不叫胡兰成，化名为张嘉仪。“嘉仪”是范秀美为自己一个女友之子取的名字，胡兰成借来用了，并谎称是张佩纶的后人——他虽不能给张爱玲任何庇护，却要张爱玲的祖先之灵来庇佑他了。

现在来看，张爱玲先前所说的“张牵”“张招”，不过是痴情女子的呓语罢了。人世险恶，人心难测，她在写小说时全能想得到，但在现实中，却幼稚得叫人心痛。她一直在细处细看人生，而此时她应在细处看清了胡兰成的薄情寡义，自私虚伪，她应该转身就离开的。但她亦没有，她就像被毒药蛊惑的痴傻女子，挣不开那缠绕的烟雾。她看着胡兰成，心都碎了，落到尘埃里了。

这两个女人与一个男人的三角关系，无论如何都只能是尴尬。因为怕范秀美的邻居对三人的关系有所猜忌，他们三人都是在旅馆见面的。若有人问起，胡兰成便称张爱玲是自己的妹妹。

张爱玲没有反驳什么，或许她已经没有力气了。望着温州这座滨海城市，她忽然想起杨蟠的诗词："一片繁华海上头，从来唤作小杭州。水如棋局连街陌，山似屏帷绕画楼。是处有花迎我笑，何时无月逐人游。西湖宴赏争标日，多少珠帘不下钩。"

温州的美，温州的水，温州的诗情画意，在此时就如一把把刀子，刺得张爱玲遍体鳞伤。她怪胡兰成，她亦理解他，在这样窘困的时刻，他是需要人来细心照顾的，这个张爱玲给不了他，不管生活对她开过多大的玩笑，她都是生活能力相当差的人，甚至连双袜子都洗不干净，而范秀美却熟知伺候人之道，她将胡兰成照顾得很好。

记得一日清晨，胡兰成与张爱玲在旅馆说着话，隐隐腹痛，他却忍着。等到范秀美来了，就对她说不舒服，范秀美细心询问痛得如何，说等一会儿泡杯午时茶就会好的。

张爱玲看着这一幕，不能不惆怅。她是何等敏感的人，她已经看出范秀美是胡兰成心底的亲人，而她自己，已经从一个正式的妻子，降价到像个"第三者"或是客人了。

细细看着范秀美，她真的很漂亮，浓浓的眉，温情的眼，举手投足都是烟火中婀娜的人儿。张爱玲便想要给她作画像，可刚勾出脸庞，画出眉眼鼻子，张爱玲忽然就停笔，说什么也不画了，只是一脸凄然。范秀美不解，但亦没深问，在其走后，胡兰成追问下，张爱玲才说："我画着画着，只觉得她的眉，她的嘴，越来越像你，心里好不震动，一阵难受就再也画不下去了。"

这就是世人所说的“夫妻相”吧。张爱玲昂头望着胡兰成，忽然想起曾经赠与他照片时，她在背面题过一句话：“见了他，我变得很低很低，低到尘埃里。但心里是欢喜的，从尘埃里开出花来。”高傲的张爱玲，不可一世的张爱玲，凡尘俗世一概入不了她心的张爱玲，如今终于从高高的云端掉进了尘埃里，她昂头看他，眼中只有他，可是这个男人的心里却装着几个女人，叫她怎么能不感伤？不委屈？

离开温州的时候，胡兰成送她，天下着雨，喧闹纷哗，似乎要将一切冲刷掉，淹没掉，真是天公应离情。站在伞下，张爱玲叹口气道：“你到底是不肯。我想过，我倘使不得不离开你，亦不致寻短见，亦不能够再爱别人，我将只是萎谢了。”

人们都说“风雨无情，人心有情”，可在这里风雨皆比胡兰成有情，它了解了张爱玲的心，尽情淋漓，吞没她眼中纷落的泪，也冲刷了他们曾经的“倾城之恋”。张爱玲已经知道，她这一生最美的爱情，已经走到了辛酸的尽头，再也没有挽回的余地了。可是“放手”两个字说来好简单，做起来亦是艰难。望着胡兰成，张爱玲始终没有说出口。独立在船头，她来时，是一人，但满心希望和爱恋，像被火烤着般温暖。而现在仍是一人，带着残破的心，被寒冰包裹着，晶莹剔透地痛着。

回来不久，范秀美竟然紧跟着到了上海，原因只有一个，她怀孕了。那个时候做流产手术是违法的，一般都是找私人医生。在成都路上有一家妇产科医院，是个大医院，有一位男医生表示可以效劳，但要一百元手术费。

范秀美当下大惊，她没有钞票！她仅有的一点钱已经跟胡兰成过日子时用尽了，她迟疑了一下，拿出一张纸条，是临行前胡兰成写给张爱玲的。跟随范秀美同来的胡兰成的侄女青芸，心里立刻明白他的意思，便直接带着范秀美去了爱丁顿公寓。

开门的瞬间，张爱玲震动得无法言语，或许也无力说什么了。阳光直射进来，刺痛了张爱玲的眼，她艰难地别过头去。拿着字条，转身进屋，不久便拿了一只金手镯出来，交给青芸："把它当掉吧，给范先生做手术。"

那时的张爱玲处境已经很艰难了，报刊、杂志、出版社都不再收她的稿子，她本人又是极其奢侈浪费的人，并无什么积蓄，加上"汉奸"、"文妖"的声讨此起彼伏。1946年3月30日，上海的《海派》周刊竟刊出《张爱玲做吉普女郎》的新闻，无中生有地凭空捏造，真是耸人听闻，一刀一锤地恨不得将张爱玲打到更深的地狱里去。对这一切，聪明如胡兰成，就算不能完全知道，亦会有所感知。但他还是自私地踩上了一脚——叫妻子给妾流产的钱。他的厚颜无耻已经到了叫人贻笑的地步！

说起爱情，人们会想起白娘子，为她被镇压在雷峰塔下而愤愤不平。她和法海都有自己的立场，一个要收妖，一个要救夫，刀兵相见，便有了水漫金山的浩劫。有人说白娘子心慈，那时她可曾想过方圆百姓？有人说法海是得道高僧，那时可想过生灵涂炭？他们为了自己的私，而践踏了多少人的性命！白娘子成就的爱情是建立于天道不容，血雨腥风上的，难道不该被镇压在雷峰塔下忏悔吗？不管曾经多少温婉善良，错了一次也是错了，就要受到惩罚。法海老了，死了，被人指责，是因为他践踏了人们心目中神往的爱情，亦活该如此。

佛家有三戒，这三戒不是坚守着不去触犯，真正的修行者是敢于尝试一切，却能保持心底最初的美好，来善化人类的狭隘。曾经看过一个故事，上面写的是阿难陀尊者迷恋上了一个人间女子，释迦牟尼便去劝化女子，叫她放手，说阿难陀跟她一起只会成为一个普通的男人，她若离开，阿难陀便是救世之神。女子黯然，最终还是离开，不是想叫阿难陀成神，而是不想因为自己伤了阿难陀与释迦牟尼的感情。她走了，阿难陀心伤不已，一直寻找，直到再见面时，女子已身染重病，不久便与世长辞了。阿难陀抱着女子，长坐三天三夜，最终还是回到释迦牟尼的身边，继续修行，因为他不能叫女子失望。

问世间情为何物？有人为爱伤人，有人为爱救人。张爱玲的爱是在两者之外，只伤了她自己。

有一次，胡兰成有机会途经上海，在危险之中，他在张爱玲处住了一夜。他不但不忏悔自己的滥情，更没有提及范秀美来过之事，而是指责起张爱玲对一些生活细节处理不当，还问她对自己写小周的那篇《武汉记》印象如何？又提起自己与范秀美的事，这一字一句就好像刀子一样刺伤着张爱玲，张爱玲再也没有跟他谈论的心。蜷缩在椅子里，看着明月当空，她真的想耻笑人世间的无情与多变了。

当夜，两人分室而居。第二天清晨，胡兰成去张爱玲的床前道别，俯身吻她，那吻有着熟悉的味道，一下冲破了张爱玲的心房，她伸出双手紧抱着他，泪水涟涟，哽咽中只叫了一句

"兰成"，就再也说不出话来。

爱情来的时候，谁都无法预知，但爱情离开的脚步却清晰如雪中红梅，刺目惊心的感觉叫人无法忽视。张爱玲知道自己的爱情已经尽数散去，再也没有拼凑的余地了。

第七章

人比黄花瘦

无情无爱

真的很喜欢李清照。在清晨的霞衣中，泡来一杯乌龙茶，拿起书卷，品味这个秀美女子留下的痴言绝句，每一首都沁人心脾，每一句都引之入胜。张爱玲最喜欢的就是《醉花阴》和《武陵春》。

风住尘香花已尽，日晚倦梳头。物是人非事事休 ，欲语泪先流。闻说双溪春尚好，也拟泛轻舟。只恐双溪舴艋舟 ，载不动许多愁。（李清照《武陵春》）

那时李清照五十三岁，已国破家亡，亲爱的丈夫赵明诚死了，珍藏的文物大半散失了，自己也流离异乡，无依无靠，所以词情极其悲苦。张爱玲喜欢这种悲苦，或许她本身就是悲剧中人。李清照的国破了，张爱玲的国却日新月异，虽然这新异并未给她的本质生活带来多少快乐，但风中自有锦书来，能有母亲的消息，张爱玲还是感激的。

那年，黄逸梵回来了，张爱玲跟姑姑张茂渊一起到码头迎接，看着母亲颤巍巍地走来，黑色的衣，黑色的墨镜，整个人飘荡在黑色的云雾里。她的灵魂跌跌撞撞地冲出身体，在四周飘荡，只是一时不忍心离开，俯视面前的一切，目光终于停到张爱玲的身上，似乎找到了同样悲切凄苦的感觉，便安心回到黄逸梵的身体，愿与面前的人儿相对。

黄逸梵带回数十个箱子，里面大多是皮件，她同美国男友维葛·斯托夫一起去新加坡，本来是要做皮货生意的，然而维葛不幸死于炮火中，她独自在新加坡苦撑，后来去了印度，做了尼赫鲁姐姐的秘书。

黄逸梵慢慢地说，泪一刻没有停过，那一刻是否该感谢上苍给了女子这样的特权，可以任性地流眼泪。林黛玉的眼泪叫贾宝玉心痛不已，而黄逸梵的眼泪只能叫女儿来心痛了。

张爱玲听着，看着，终于伸出手，拥抱了母亲。同是天涯沦落人，命运何其残忍，母亲的男友死了，自己牵挂的人活在别人的生活里。

佛说有因方有果。《红楼梦》是因为支撑天穹的柱子倒了，所以天塌了，地陷了，火浆翻滚，民不聊生，女娲不忍心生灵涂炭，便于烈火中炼就五色石，将天一块块补齐，补好了，却多了一块石头，随手丢弃，世间便多了一部《石头记》。

而如今，母亲黄逸梵和自己的天都塌陷了，女娲为何视而无睹呢？是不是她见过太多人世间的痴男怨女而少了悲怜之心，还是这本身就是一种修行，是人生必然要走的路？谁也承载不了谁的凄苦，谁也覆盖不了谁的忧伤。在红尘路上，每一个相逢都是为了下一个路口的分离。偶然的来，必然的去，谁也无需留恋，就算心长满荒草，也用最锋利的铲子挖掉，带着血亦不怕，当作一场淋漓的祭奠，铲完了，种上墨绿色的苔藓，潮湿的，阴暗的，藏在里面试图微笑。

或许一切真的该就此了断了，或许一切了断并不像自己想象中的那么艰难。1947年6月，张爱玲给胡兰成去了一封诀别信："我已经不喜欢你了，你是早已经不喜欢我的了。这次的决心，是我经过一年半长时间考虑的。彼惟时以小吉故，不欲增加你的困难。你不要来寻我，即或写信来，我亦是不看的了。"

小吉就是小劫的意思。此时的胡兰成已经脱离了险境，在一所中学教书，有了较安稳的工作。张爱玲选择他一切都安定的时候，写来了诀别信，随信还附上了张爱玲的两部电影的编剧费30万元，差不多是一个中学教师80年的工资，这对胡兰成来说是意外之财，但对张爱玲就是一生心血。胡兰成曾评论张爱玲遇事心毒手辣，原来他眼中的心毒手辣就是这般的啊，那他还真是仁慈至极了。

曾经震动上海滩的传奇之恋，就这样辛酸地谢幕了。胡兰成曾写信给张爱玲的好友炎樱，试图挽回这段感情，但张爱玲没有理他，炎樱也没有理他。这段感情，真的是谢幕了。张爱玲曾对胡兰成说："我将只是萎谢了。"萎谢的不仅仅是爱情吧，还有文采，此后张爱玲的创作也进入了低谷。

张爱玲对自己的评价一直是自私与小气，但后人看到的却是，只要能真正走进张爱玲心里的人，她都坦诚对之，她不在乎世俗上所说的什么血缘、亲情，她只在乎人心和情谊，对胡兰成，张爱玲痴傻缠绵，对苏青、炎樱，张爱玲热情奔放，对柯灵等文友亦是关心友爱。

记得1945年6月，柯灵被捕，困在"贝公馆"，就在上海贝当路国际礼拜堂的对面，是一座白色的建筑，巍峨华美，高耸挺立，是美国学堂的旧址，里面时时飘出优美的读书声，而日寇偏偏选中了这样优雅的场所，改成施暴的刑室，上演一幕幕人间惨剧，天堂成了地狱。

柯灵被捕后，张爱玲很是担心，立刻找到胡兰成，希望他能帮忙，胡兰成答应了，不久柯灵被释放，听闻是张爱玲救的自己，甚是感激。其实一直留传过柯灵暗恋张爱玲的话，只是没有留下什么文字来证实，便变成了一宗“迷案”。而《万象》老板平襟亚的女儿初霞回忆中也说，当年张爱玲是她家的常客，平襟亚因得罪日本人而入狱后，张爱玲给愁云惨雾的家带来了很多温暖，她是个可亲可敬的大姐姐。

什么事情都有好的一面和坏的一面，什么人都有优点和缺点，每个人心中又都有一把尺子，以至于谁都不能妄自评论任何人了。张爱玲是个奇特的女子，为人处世都有自己的一番风格，是常人所不能明了的。

红尘中充斥着太多的俗人，都在为现实忙碌，追逐物质生活的满足，张爱玲亦在其中，为了生活奔波忙碌，满足后，她就不会再贪心，而是静静退出，冷眼旁观地看着其他人继续醉生梦死。

张爱玲一生都在追逐一种完美，为了这份完美，她将生存的资本都给了胡兰成，虽然他又是如此的不值得，或许张爱玲最后也发觉了，她曾在1966年11月4日给好友夏志清的信中说：“胡兰成书中讲我的部分，缠夹得奇怪，他也不至于老到这样。”显见是不赞成的。

但是不赞成归不赞成，张爱玲已经习惯静默了，她冷眼看着胡兰成唱独角戏，或许这对他亦是好的吧，起码可以骗来更多的稿费！情灭了，义还未去绝，张爱玲真的没有把胡兰成评论的“心狠手辣”修炼成气候，可惜了！

日子变成了灰色的琉璃，一场倾城之恋让张爱玲的胸膛破了很大的洞，洋溢着鲜红的血，轻轻碰触就是刺骨的痛，而思念又是人类最不能控制的东西，拼了命的想忘记，却悲哀地发现，他更清晰地出现在眼前，带着高傲的笑，撕扯着胸口的伤，张爱玲咬牙，不想呻吟出声，但那痛已逼进了灵魂。

书桌上有了淡淡的灰尘，乱七八糟的纸张中，那小小的信笺变得分外刺眼，是张爱玲借用李清照的《醉花阴》，想送予胡兰成，以表思念的，但由于战火不止，胡兰成东躲西藏，就耽搁了。出了小周和范秀美的事情后，张爱玲便再也没了送出的兴致，她不想被人嘲笑了，就算胡兰成不会，小周和范秀美也会，就算她们统统都不会，张爱玲自己也会，她已经落尽尘埃了，不想化成黑色的泥。

与胡兰成的分离让张爱玲从这尘埃里爬出来，化成了流离的空气，飘荡在豁大的空间里，真是自由自在。徐志摩曾经为了自由，不管众人的反对和劝说，执意和张幼仪离了婚，他得到了所谓的自由，但自由究竟是什么呢？是海浪中漂浮的泡沫？还是池塘里无根的浮萍？责任义务太多，压弯了背脊，人们就会挣扎着想摆脱，当上天垂怜满足了心愿，人们又悲哀地发现，自己就漂浮在风里，没了家，没了根，没了生活的意义和情趣。所以自由真的是一个渴望而不可及，可及而不可依的矛盾。

张爱玲不想要这样的感觉，她没有家，但为了母亲和自己，她努力地想振作，这期间对她帮助最大的人就是桑弧了。

一世谜团

张爱玲在小说中写尽了痴男怨女，缠绵悱恻，而现实生活中，她结交的朋友并不多，桑弧很荣幸，挤进了这个行列。

桑弧原名李培林，原籍宁波，1916年生于上海，1930年在证券交易所当学徒，1933年毕业于沪江大学新闻系，后任银行职员，1935年结识周信芳和电影导演朱石麟，在他们的提携下尝试文艺写作，1941年创作电影剧本处女作《灵与肉》，启用艺名桑弧，1946年8月进入文华电影公司担任编导。

张爱玲认识桑弧还是经过著名剧作家柯灵从中介绍的。在1946年7月，桑弧在石门一路旭东里家中请客，邀请的人有柯灵、唐大郎、魏绍昌、龚之方、管敏莉、鸳鸯蝴蝶派作家胡梯维及夫人金素文。他对张爱玲慕名已久，知道柯灵跟张爱玲交情不薄，便请柯灵代邀张爱玲，柯灵欣然应诺。

张爱玲或许是给柯灵面子，或许是想散散心，难得应邀而至。依旧是奇装异服，依旧是众人追逐的焦点，宛若在云端，在风中。此时的张爱玲已不是以前的她了，在凡尘俗世中流离一番，带着满身的伤，满心的疲惫，已然少了追逐这份飘幻的雅致，所以她刻意避开人群，来到阳台，望着星光熠熠，默然出神。

风，静静地在身边划过，带着清爽的凉意，张爱玲环抱住肩膀，望着天际那轮弯月。人们都说月亮上清冷至极，终年被雪覆盖，而嫦娥在广寒宫里，听着吴刚砍树的声音，想着心中牵挂的后羿。她应该是后悔的吧？！没有等他回来便独自吃了仙丹，来到天庭，在空寥的广寒宫里，被人仰望着，享受心碎，一种华丽至极的凄凉。而在某一方面嫦娥也是幸运的，毕竟心碎的时候可以独自来噬舔伤口，而世间的凡人受伤了，终日都要面对熟悉的场景，熟悉的人，让伤口长久地淌着血，长久地痛，只有等到麻木了，才能结成丑陋的疤！就像此时的张爱玲一样。

桑弧凝望了很久，才鼓起勇气上前跟张爱玲攀谈，并谦恭地邀请她为文华公司创作电影剧本，不出所料张爱玲还是面露犹豫之色了，婉约地说自己没写过，很陌生。桑弧正一筹莫展的时候，柯灵和文华公司宣传主任龚之方也过来力劝，张爱玲望着他们，面容遥似挂在天际的那轮皓月，朦胧的，淡漠的，清凉如水。这让桑弧倍感紧张，他素闻张爱玲孤傲，只怕她又拒绝了。不想，张爱玲这次出乎意料地点头答应。

在写剧本期间还发生了一个小插曲，叫桑弧和张爱玲多了互相熟悉，以至为以后合作铺了一条融洽的路。

那时，街面上出现了《传奇》盗印本，张爱玲气得去警察局投诉，可是不得其法，她便想自己重出，以正视听。她将想法跟兼是山河图书公司老板的龚之方说了，龚之方答应了张爱玲的“指示”，并亲自和桑弧去拜访当时驰名沪上的金石名家郑翁（散木），请他为张爱玲的集子书写“张爱玲传奇增订本”八个字。郑翁写的是楷书，十分厚实夺目，配上炎樱那既古典又现代的封面设计，可说相得益彰。

1944年9月出版的《传奇》，收了七篇小说，大约二十多万字，当时定价伪币三百元。1947年11月的增订本，收了十六篇小说，约五十万字，定价法币三千元。她自己编排，每一页校样都仔细校订，甚至大加修改，态度非常认真。版权页印有“版权所有，翻印必究”八字。书印好之后，张爱玲带了图章来，每一本版权页都盖上她的图章，一共印了三千本，盖章要盖很久，可是她一点也不马虎。

关于《传奇》增订本的出版，龚之方揣测的原因有三：一、张爱玲寄给胡兰成三十万元后，手头不裕；二、重振她在巅峰时期的文坛盛名；三、对小报的攻讦谩骂还以颜色。

其实不管为了什么，红尘凡世间都有一句话，欺人者必被人欺之，辱人者必被人辱之。多尔衮战功赫赫，身在显位，却残暴与专横，最终落到被挫骨扬灰的凄惨地步。在凡尘里，每个生命的存在都历经着艰辛和坎坷。风打繁花，雨淋万物，世间无常如此，又何必人欺人，鬼打鬼呢？还是多一些宽厚，多一些理解才是好的。

张爱玲为《传奇》增订本写了一篇序言，大约只有四百多字。

> 我自己从来没想到需要辩白，但是一年来常常被议论到，似乎被列为文化汉奸之一，自己也弄得莫名其妙。我所写的文章从未涉及政治，也没有拿过任何津贴。想想看我唯一的嫌疑要么就是所谓‘大东亚文学者大会’第三届曾经叫我参加，报上登出的名单内有我，虽然我写了辞函去（那封信我还记得，因为很短，仅只是：‘承聘第三届

大东亚文学者大会代表，谨辞。张爱玲谨上’）。报上仍旧没有把名字去掉。至于还有许多无稽的谩骂，甚而涉及我的私生活，可以辩驳之点本来非常多。而且即使有这种事实，也还牵涉不到我是否有汉奸嫌疑的问题；何况私人的事本来用不着向大众剖白……但一直这样沉默着，始终没有阐明我的地位，给社会上一个错误的印象，我也觉得对不起关心我前途的人。所以在小说集重印的时候写了这样一段作为序。

这是第一次也是唯一一次张爱玲为“汉奸”的头衔做辩白，她也预料并不会有多大作用，但是总比一直压在心里好。雪絮轻轻，在林叶上轻轻一点，会觉得惊艳，但若挤压太多终会压弯枝，打湿了叶。

同时，身为《文汇报》主编的柯灵，1946年10月1日，在副刊上撰写了一篇推荐文章《张爱玲与（传奇）》。署名“甲文”，已经是抱了提防之心，而且文章字里行间措辞都十分谨慎，然而发表后，柯灵还是遭到了左翼人士的严厉批评，承受了很大的压力，直到半个多世纪过去了，他提起时还耿耿于怀。

张爱玲对这样的结局没有再说任何一句话。泡来一杯清茶，感应它在手心里炙热的温度，穿着精致的家常服，在房间中踱步，在午后阳光中寻找自己的影子，原来还是如此高挑的，如此挺直，张爱玲忽然坦然地笑了。

柯灵引荐桑弧给张爱玲认识，并在桑弧的邀请下答应写电影剧本，张爱玲虽然没写过，但她在自己早期的文学创作中已经受到了电影的影响，有意识地借鉴了一些电影语言的技法。她很快就写出了电影剧本《不了情》。

1947年2月，《不了情》作为文华公司的开山之作正式开拍，导演是桑弧，主演为舒适和陈燕燕。这部影片讲述一个企业家和女家庭教师的缠绵悱恻的爱情故事，最后家庭教师因不忍破坏男主人的家庭幸福，悄然离去，结束了这段仿佛注定是伤感而无结果的爱情。这部影片只花了两个月的时间就完成了，上映后一炮打响，卖座极佳。

《不了情》是张爱玲和桑弧的首次合作，如此大获成功，使他们十分鼓舞，于是乘胜追击，1947年冬天推出了《太太万岁》。

“乌拉”（俄语“万岁”的意思）太太芳名陈思珍，机智活泼，任劳任怨，既有中国妇女共有的委曲求全，又有上海女子特有的精明世故。她帮助丈夫骗父亲的钱，又帮他躲过情妇的勒索，为他做尽了一切可以做的事后，决定离开。

12月14日，《太太万岁》在上海皇后、金城、金都、国际四大影院同时献映，主要演员有蒋天流、石挥、上官云珠等，连摄影师都是大牌黄绍芬和许琦，星光洋溢，花团锦簇，整整两周，场场爆满。

然而，这样完美的发展忽然峰回路转，翻起了漫天口水与文字的谩骂。首先身为《大公报》主编洪深，因为爱惜张爱玲的才情，特意写了文章，对张爱玲专门为《太太万岁》所写的题记，充分表示了赞美和肯定。然而“左派”哪肯放掉这样大显身手的机会。一个署名胡坷的在12月12日的《时代日报》上大肆谩骂，直接进行了人身攻击，称张爱玲是“敌伪时期的行尸走肉”，以其作品为“歇斯底里的绝叫”，显然这个胡坷是有来头的，由他的带领，各报刊纷纷响应，登出了评论文章，批评《太太万岁》的低级趣味。

洪深沉默了整个月后，实在承受不住压力，也提笔自己打自己嘴巴地写了《恕我不愿领受这番盛情》发表在自己主编的《大公报》上，先自我开脱，后将《太太万岁》批得一无是处。

中国有句话说“墙倒众人推”，当初张爱玲风光时，不知道多少人阿谀奉承，追在后面，妄想沾些光彩。如今张爱玲“倒了”，就恨不得更狠命地踩上一脚，算是对自己曾经的卑微泄恨了。想来，人还真是现实而奇怪的动物。

不过张爱玲还是幸运的，身边有着真诚正直的朋友，如炎樱、苏青，如桑弧、柯灵、龚之方等。当时由于桑弧敢于和张爱玲合作，大报小报纷纷猜测他们有男女之情，多亏那时桑弧没有家庭，否则一个平和的家庭就因为笔者的不负责任而破碎了。

龚之方初次听了，便大笑着说：“这真是冤枉了桑弧！”不过笑归笑，他马上又觉得两个人男才女貌，年龄适当，是很理想的一对佳偶，便想着给张爱玲说媒。

张爱玲静静地听，似乎并不意外。她望着窗外流动的人群，脸上慢慢涌出凄苦之色，缓缓摇头，似乎不确定，便再摇头，赶走心底那丝牵绊，桑弧是难得的好人，但并不是跟好人在一起就可以得到幸福，张爱玲转身看着龚之方，第三次摇头，很肯定地拒绝了这个提议。就此了结了大家揣测不已的“不了情”。

1953年，桑弧任上海电影制片厂导演。编导影片十余部，在圈中口碑一直很好，几十年来桑弧对自己和张爱玲的往事一直讳莫如深。1995年，桑弧撰写长篇回忆文章《回顾我的从影道路》，分四期在《当代电影》上开始连载，虽然避不开张爱玲三个字，却着墨很少，一带而过。而关于《哀乐中年》，更是连她的名字也没提。

张爱玲后来在香港结识的好友宋淇曾说："《哀乐中年》有张爱玲的笔触，张爱玲的TOUCH，桑弧写不出来，没有那个灵气，我问过张爱玲，她说你不要提，你不要提，她大概和桑弧有相当的感情，帮桑弧的忙。"

1990年，美国的一位教授也发表文章称："《哀乐中年》的剧本虽是桑弧的构思，却由张爱玲执笔。"由此，台北《联合报》副刊连载《哀乐中年》剧本时，署名为张爱玲。

张爱玲对感情向来低调，而桑弧亦是如此。他们的关系扑朔迷离，像清晨雨雾的一株白莲，看不清却带着醉人的香。陈子善教授曾经说过："像桑弧这一代的知识分子，解放后往往要否定旧我，否定从前，跟上时代的步伐，他与张爱玲合作的几部影片都是以描写小资产阶级生活为主题，加上张爱玲一些特殊的背景，他自然不愿意多讲什么，这些年来，张爱玲的名气和影响越来越大，桑弧也是一位卓有成就的艺术家，他可能又产生了新的顾虑，更不愿意谈以前的往事了。"

张爱玲是风雪中的红梅，带着艳丽的红，嘲笑风雪的苍白。不想命运戏弄，一个胡兰成将她扯进雪絮里，一团团迷乱了她的心，她的眼。她本做好甘愿自嘲的姿态，可惜风雪无情，她一片痴恋遭遇尴尬，换来倾城的悲绝与"汉奸"的头衔。

桑弧于2004年9月1日在上海病逝，享年88岁。而戏剧化的是，同日晚，导演石峻新排的话剧《太太万岁》正在剧院演出，石峻致辞提醒大家，九年前的今天，当年电影《太太万岁》的编剧张爱玲辞世，今天演出也是对她的纪念。（1995年9月8日，张爱玲的尸体被发现于美国洛杉矶公寓里，法医检测，死于一个星期前。）

相隔九年，桑弧和张爱玲竟然死于同一天，是缘分吗？还是真如《不了情》的牵挂，演绎命中注定的牵连，让灵魂飘荡进天堂，寻找张爱玲的身影，他是否能说出压抑60年的心里话？而张爱玲是否亦能说出心里的苦涩与艰辛？

人的心就是调色板，装载着各种各样的色彩。洒脱干净的人经常清洗，会清洁如新，但太多人慵懒得无暇理会，染料堆积满了就会干枯，凝结，再也承受不了新的色调。桑弧于张爱玲是否就是这新的色调，而胡兰成是不是就是那干枯的丑陋的留痕？

心凉如水

在这个动荡的时期里，每个人都是孤独的，在人生长路上，艰辛前行。黄逸梵一世漂泊，身为母亲，却极少跟儿女在一起；张廷重沉迷鸦片，碌碌无为，醉生梦死；弟弟子静生性柔弱胆小，没人关爱；而张爱玲，颠簸流离，没有家，没有真正的归处；甚至一无所出的继母孙用蕃，他们中究竟谁是快乐的，谁是幸福的呢？

翻看历史的书章，那些被万人唾弃的人，哪一个生前不是婢佣围绕，锦衣玉食，享尽了人生繁华？而所谓清廉之人，追求太多脱离现实的东西而备受磨难，死后仅留下后人瞻仰的足迹。还记得《宰相刘罗锅》吗？和珅死的时候跟刘墉说，他一生并未白活，该享的福都享了，该施的威也施了，而刘墉呢，两袖清风，受尽苦楚，值得吗？人生不过短短数载，所为何来？

名利面前，一个要名，一个要利。而名利是什么？佛说，那是虚幻。但为何明明是虚幻，人们还要去追求？佛，轻轻叹息，只说了一个“贪”字。和珅贪，众人都明了，就是为了享福，而刘墉的贪心不是世俗中的贪心，是狂妄的贪，试图改变人性中根深蒂固的丑陋，试图扭转日益败坏的社会风气。

世俗中人，只要甘心做个俗人，便可多得到一些安稳。然而若是一脚踏在天堂，一脚踩在凡尘，那真真切切是最痛苦的事情了，因为世态何等现实与残忍，就像一把把尖锐的刀，割扯得你没有反驳的言语和叹息。所以这样的贪叫人心生敬仰却遥不可及，而《士兵突击》中伍六一拒绝当司务长，离开部队，靠一条腿来走人生之路的举动却叫人感动而温暖。很多时候不是豪言壮志才能叫人振奋，细微之处总有真谛，只有认真地铺好每一砖，每一瓦，才能盖起高楼大厦，只有认真走好自己人生的每一步，才能走长，走稳。正如书中所说“一堆的想法，不如一点的行动”，你爱一个人却总在伤害，那就不叫爱了。

黄逸梵回来了，子静特意从扬州赶了回来。现在父亲张廷重的家已经大不如前了，从洋房花园搬进了一个三室一厅的公寓里。子静也随着大表姐到中央银行扬州分行工作，丢弃了官宦公子的头衔。

在公寓里，子静被张廷重和继母孙用蕃剥削掉最后一分钱后，才得到允许，可以去看分离多年的母亲。他兴冲冲转身走了，没有注意到张廷重阴沉的笑。子静生性优柔寡断，这回跑到那么远的地方工作无疑是跟张爱玲一样，要摆脱张廷重了，可他不是张爱玲，他就是张廷重手里攥紧了的钱袋子，想溜？没门！

他的笑叫人心凉，而子静的天真纯良又叫人悲怜。毫无疑问，张子静一生是极其悲苦的。除了年幼的时候快乐过外就再也没有幸福过。从小缺少母爱，姐姐张爱玲又那么遥不可及，父亲和继母像防敌人一样防着他，却睁大眼睛盯着他手中的钱，他逃，他躲，可最终还是乖乖地回到原点，他就是空中跌跌撞撞的风筝，而牵扯的线在父亲手里。心飘零到密不透风的黑暗里，到老到死，都没出来呼吸过。

冰心曾经在诗里说过：“自然的风雨来了，鸟儿躲进它们的巢里；人间的风雨来了，我躲进妈妈的怀里。”子静一直渴盼着，希望能跟母亲黄逸梵和姐姐同住到一起，感觉一下人世间的亲情和家的滋味，然而命运总是不给他这个机会，是残忍，但更多的似乎却是担心。他毕竟不是张爱玲，他是墙角处柔弱的青苔，承受不了得到又失去的悲苦。而张爱玲在磨难中已经长成耐得住风寒，历得了霜雪的红梅。所以她比张子静更能把握住自己的人生。

1948年，黄逸梵再次出国，这次等待她的是客死异乡的命运。黄逸梵去之前跟张爱玲长谈过，并建议她回香港大学复读，也找个由头离开这里。所谓一山难容二虎，在共产党和国民党之间还存在着腥风血雨，更大的风暴在后面，上海太乱，并不是长久容身之地。

张爱玲亦明白，蜷缩在长沙发上，望着窗外那轮明月。都说人有悲欢离合，月有阴晴圆缺，相聚的日子都是苦短的，分手在即，道声珍重真的好简单，可珍重背后那漫长的牵挂和思念，可是这轮明月所能承载的?

在命运的洪流里，不得不肯定，她比子静幸运得多。虽然跟母亲相守的日子屈指可数，但毕竟相守过，每一段都化成珍贵的记忆，藏于心间。有限的聚守，无限的凄苦，她好像命中注定要独自生活，无缘跟“爱”走到一起。

1949年5月27日，上海解放了，张爱玲亲眼看到解放军走进了上海滩，四周都是毛泽东的画像，四处都是锣鼓喧天，大喊着“毛主席万岁”。万岁？是多少岁？像毛主席那样伟岸的人，万岁还是可以的，而如自己这般渺小的人还是短命点好。望着窗前的一点艳红，张爱玲的笑，飘荡在风里。

无可厚非，张爱玲笔下的世界是荒凉的，可她未必是那里之人。她有本事用笔将其巨细靡遗地画出来，就早已明了这与真实世界的不同。在这方面她是智者，不会一头栽进去，就像夏卡尔不会用头撞进自己的画里！

张爱玲就是昂立在风中的青梅，聪明的，热情的，只是她的热情与常人有所不同，当别人费尽心力，拼死也要在人生长路下留有什么的时候，她在微笑地嘲讽。她所在乎的不过是风扫过枝叶的洒脱，喜欢的不过是雨打过碧波的涟漪，在细微处寻找乐趣和热情。所以生活在张爱玲笔下栩栩如生，散发醉人的香，让人无法不为之神往。不过，张爱玲的热情，很快就耗尽了，所以她才说出成名要趁早的话来，不是为了别的，是因为她知道成名那一点点的乐趣，只够在幼稚的年纪赏玩，一下就过期，就热闹不起来了。

好的创作者，确实抚慰了无数辛苦与寂寞的人，但对创作者自己来说，这只是“刚好如此”而已。如同云载不住水的重量，放肆将其抛弃，就成了雨的涟漪，给饥渴的万物带去滋润。

好的创作者，通常是被创作的欲望所驱迫，才不得不创作的，其他人因此而受惠，那是运好命好，不是创作者好意。当然也有创作者，是被赚钱的欲望所驱迫，张爱玲是后者亦是前者，她对人世的同情，对万物的空透，已然等值地换取到了珍贵的作品和金钱。

三十年代，曾在上海暗中掌控戏剧队伍的夏衍重返上海。他先在军管会出任文管会副主席，接管上海市的文化工作。那时上海的十多家小报都已在新中国成立之前自动停刊了，有些小报的老板和文人，也相继离沪赴港。上海一时之间变成了一个没有小报的城市。

6月间，夏衍就去找龚之方，要他和唐大郎组织一个“能力较强、素质较好的小报班子”。夏衍向龚之方说，新中国并不是不能容许上海小报的存在，但不能再像新中国成立前的小报，专是捕风捉影，登些耸人听闻、迎合读者低级趣味的文章。“要端正小报的风气，提供读者有益的、多样化的趣味性内容。”

龚之方听了很受鼓舞，立刻答应下来。一个月之后，《亦报》创刊，龚之方任社长，唐大郎任总编辑。当时还有一家小报创刊，叫《大报》，是夏衍命原来的《世界晨报》改组的，陈蝶衣、陈之华、姚苏凤等人都加入《大报》工作。

这两张小报，果然一扫过去上海小报的庸俗下流，面目一新。一些著名的作家如丰子恺、周作人等人，都相继在小报露面了。龚之方和唐大郎又去向张爱玲约稿，请她写一部长篇小说连载。她虽然答应了，不过坚持要用一个笔名。

后来，龚之方推测，张爱玲决定用笔名，大概有两个原因，其一是，以前《连环套》边写边登，水平不一，招致批评，她怕重蹈覆辙；其二是，胡兰成之事在她心里仍有隐忧，她对“新中国”还采取观望态度，认为暂避风头较为稳妥。

小心驶得万年船，人性中本来就有这种本质。就算张爱玲再洒脱，再不惧凡尘，被人凭空侮辱也未见真能轻轻一笑。红梅耐寒，并不见得就喜欢风的洗礼，在幽静的冬季里，迎着雪，展着枝，在白色世界演绎红的艳丽才是追寻的方向，张爱玲就是这般纯粹的女子。

于是，她便以“梁京”这个笔名在《亦报》连载《十八春》，全文共十八章，二十五万字。1951年11月由《亦报》出版单行本。这是张爱玲真正完成的第一部长篇小说。故事的背景在上海和南京，时间则从新中国成立之前十八年写起，结尾时已是解放初期，背景也移到了沈阳。几位青年男女经过重重感情波折，最后都投身到“革命的熔炉”去寻找个人的理想。

《十八春》连载不久，就引起了夏衍的注意。上海“孤岛时期”，夏衍远在内地，没有看过张爱玲的作品。抗战胜利后，夏衍从重庆回到上海，听说了张爱玲崛起上海文坛的盛况，就找了她的作品拜读，并被她字里行间与众不同的见解和思想所征服，留下了深刻的印象。《十八春》连载之后，夏衍把龚之方找去，问“梁京”这个作者的背景。龚之方如实相告，没想到他听了很高兴，说张爱玲是个值得重视的人才。

而桑弧亦化名“叔红”，在《十八春》连载的前一天写了一篇《推荐梁京的小说》：“仿佛觉得他是在变了，我觉得他仍保持原有的明艳的色调，同时，在思想感情上，他也显出比从前沉着而安稳，这是他的可喜的进步。”用的是“他”而非“她”，有意掩人耳目。小说连载期间，他继续用“叔红”的笔名保持着热切的关注。

1948年，继《不了情》《太太万岁》大获成功后，桑弧与张爱玲商量，想将张爱玲的名作《金锁记》改编拍成电影，但结果流产，女角难找是其一，动荡的时局与社会环境更是最要紧的原因。据说当时，张爱玲已为桑弧写好了剧本，后来剧本也下落不明了。

天不遂人愿，万事万物都有它命中注定的行走方向，虽然得到了夏衍的肯定与好友的关注，但左翼人士无休无止地挖苦打击叫张爱玲心力交瘁，感觉自己宛似沧海中孤苦行走的小船，飘飘荡荡，无处可依。起风了，浪大了，一涛涛打在船身上，留下了腐烂潮湿的刻痕。

1952年7月，张爱玲决定离开上海去香港，对外公布的理由是“继续因战事而中断的学业”。然而，张爱玲只在香港停留了很短的时间，也并没有如预料地完成她的学业。

后来，有人不甚惋惜地说如果张爱玲留在中国，再多几年历练，给生命加强一点受过折磨的活力，或者会更加成熟，更加文采飞扬。然而，今日之人都摇首苦笑，试想张爱玲若真的留下了，那轰动天地的“十年浩劫”会放过她吗？那时别说写字了，就是一时温饱也不能有的吧！聪慧如张爱玲是不是早看出自己背着“汉奸”的罪名，很难在中国这片土地上立足而远走他乡呢？

在香港大学只待了两个月，张爱玲便前去日本跟炎樱会合，这一决定不但得罪了港大也得罪了贝查。虽然后来张爱玲带着一套祖传稀世搪瓷珐琅银茶杯亲自登门向贝查道歉，也未能平息他的怒火，真真浪费了母亲的古董，让张爱玲心痛懊悔了好长一段时间。

如果他生气，可以请她出门，无视古董，可他偏偏收了礼却还是不依不饶就难免叫人愤慨，张爱玲简直觉得其人、其事已到了只能用无耻来形容的地步。难道人真是利益面前忘乎本性的虚伪至极动物吗？走在昏暗的街道上，张爱玲看着两只流浪狗为一块骨头“厮杀”，好像那是它一生中唯一的追求一般，看着看着，她忽然笑了，踏着轻松的脚步回家了。

月色很浓，天际淡淡的云彩却悄然掩来。

秧歌岁月

1952年，张爱玲到香港，她首先遇到的就是生存问题。在上海张爱玲以写作为生，如今飘落异乡，失去了支持她的编辑和读者，张爱玲就是一只被剪去羽翼的大雁，站在悬崖峭壁上，冷风无情，毛枯羽萎，冻得索索发抖，却依旧骄傲地昂着头。或许上天看着觉得可怜可笑，亦或许张爱玲不该如此，命运终于对这个满身伤痕的女子，张开了温暖的怀抱。经人介绍，在美国驻香港总领事馆新闻处谋得了一份翻译工作。

忙碌的生活冲刷了以往的惬意与洒脱，张爱玲在晨曦中奔波，在晚霞里忙碌，日复一日，枯燥单调的色彩勾画着她在香港的蓝图。每当夜深人静的时候，张爱玲会缩在被子里，听着时钟滑动的声音，嘀嗒嘀嗒，清脆干净，一分一秒，毫无留恋可言。

黑发转眼被暮雪染白，年轻脸庞上那抹没心没肺的微笑似乎成了前世的畅想。岁月竟是这般无痕无迹，转眼就已百年。背脊上那沉甸甸的行囊，在孤苦中散发低迷的呻吟。轻轻打开，看到墨绿的痕迹，宛如角落上的苔藓，离开阳光太久，潮湿更深，腐烂气息犹存，只能捏着鼻翼，慢慢探究。里面装载的都是人生奔波的痕迹，苦大过甜，失去多过所得，酸涩压过慰藉。原来生活给我们的不过是一盏凄凉的茶，喝下凄苦，不喝饥渴。挣扎反侧，不能不低低询问，难道人生只该如此吗？任何人都逃脱不了？还是张爱玲所见的世界已被林黛玉轻轻走过，静静空透过，并留下诗词叫她醒悟，偏偏张爱玲蜕去一身仙骨，妄自在红尘中痴迷，最终只落下满身伤痕。

粉堕百花洲，香残燕子楼，一团团、逐对成逑，飘泊亦如人命薄，空缱绻，说风流！

草木也知愁，韶华竟白头。叹今生、谁舍谁收！嫁与东风春不管，凭尔去，忍淹留！（曹雪芹《红楼梦》）

林黛玉是误入人间的精灵，带着绝色的容貌，惊世的才情，在“世俗风”浓重的大观园里走过一遭，最后轻轻一句“凭尔去，忍淹留”，便在乱世中，留得干净之身，洁净之魂。

林黛玉是痴者，亦是智者。她没有薛宝钗的深沉，没有史湘云的明朗，更没有王熙凤的精明。她孤傲地挺立在碧波之中，看着众人在身边忙不歇地耍弄心机，勾心斗角。轻轻转身，嘲讽一笑。她除了对待贾宝玉与紫鹃外，对任何事情尽是如此。张爱玲喜欢林黛玉，一如喜欢大观园的奢侈繁华。一道茄子都要经过复杂的程序才能摆上桌来，足见精致。

张爱玲喜欢精致，就算赚很少的钱，也不能在生活某些细小的事情上失去品质。记得美国作家马宽德（John P. Marquand）来香港访问，美新处处长麦卡锡负责招待，并开了欢迎仪式。张爱玲盛装前往，马宽德大为惊艳，以至于把她一言一行都视为时尚。张爱玲就是妖娆的曼陀罗之花，不管曾如何被贬低到土壤里，依旧能开出高傲的花朵，洋溢着醉人的芬芳。

张爱玲在“新美处”的付出得到了所有人的肯定，先后翻译过多部作品，包括海明威的《老人与海》、华盛顿·欧文的《无头骑士》等。其中海明威的《老人与海》一经出版，立即被称为中译本的经典之作。

在“美新处”工作期间，张爱玲完成了《秧歌》和《赤地之恋》的创作，并在《今日世界》上连载。

张爱玲在“美新处”继续小说的创作外，还结识了两位终生挚友——就是同在美新处做翻译工作的宋淇和邝文美夫妇。

宋淇笔名林以亮，比张爱玲大一岁，原籍浙江吴兴，是著名戏剧家宋春舫之子，毕业于燕京大学，获学士学位并留校任助教。1948年到香港，先后任美新处书刊编辑部主任，电影公司制片部主任，邵氏公司编审委员会主席等，擅长写诗和剧本创作，一生著译极富，有《昨日今日》《更上一层楼》《林以亮诗话》《林以亮论翻译》《〈红楼梦〉〈西游记〉：细评〈红楼梦〉新 英译》《文学与翻译》。

他们是同事，又同是《红楼梦》的爱好者，自然一见如故，引为知己。此时又逢胡兰成的《山河岁月》出版，有记者找到张爱玲的住处，要访问她对此书有何感想。

张爱玲僵立着，看着这个记者的嘴唇上下碰撞，却听不到任何具体的声音，脑子好像被一团苍蝇围绕，吵得要命，她只能逃避似的砰然关上了房门。转过身，缓缓跌坐在角落里，房间茶几上的书页被窗外吹进的风轻轻带起，恣意翻动新的篇章，而张爱玲心底那尘封的伤口宛如忽然被阳光翘起了一角，火辣辣地痛，如果噩梦没有终结的办法，张爱玲只能用逃避来叫自己好过点，她想从速搬家。

在宋淇夫妇的帮助下，她搬到了英皇道，与宋家毗邻而居，益发亲近。他们夫妇对张爱玲亦是尊重爱护，揽下了一切接洽、编辑、稿费稿件及版权等事宜，使张爱玲能够全心创作。

晨风中，一个艳衣女子伏案写作，调皮的风带起她的发，角落的蜘蛛偷偷窥视她奇特与消瘦的背脊。有人说，背上行囊，就是过客，放下包袱，就找到了故乡。张爱玲从上海飘零到香港，流落美国，似乎都印证着人生没有绝对安稳的话，既然都是过客，还不如携颗淡泊的心，走过风尘起落的人世，笑看万马奔腾的流年。

还记得《色·戒》中梁朝伟深不可测的眼神与汤唯的美艳绝伦吗？张爱玲在创作期间，宋淇还特别提醒张爱玲对处理小说中特务的骄奢，不能掉以轻心。那时，他已预知《色·戒》小说对主角身份处理不当对张爱玲的影响。张爱玲亦不敢怠慢，短短万字的小说，张爱玲却苦苦改写了25年，这种对写作的严谨精神在中国作家中找不到第二个。

1978年4月11日《色·戒》在《中国时报》的人间副刊发表，引起热烈争议。作家梁系国极尽批评之事，用以“汉奸”来嘲讽，张爱玲真的很烦恼，她不知道自己究竟哪里做错了，就因为爱，所以爱了一个不该爱的人，换来了伤痕累累的报应还不够，还要在众人面前，被一刀一刀割切自己的肌肤？凭什么？都说爱情无罪，怎么到她这里就被判成了十恶不赦。张爱玲在“无理”面前没法永远保有淡泊，她还击了。

墨香中带着讽刺，纸香里飘着反驳，稿子发出去后，张爱玲宛若吐出了压抑很久的石头，轻松无比。专门找邝文美逛街消费一番，并在晚饭前准时送她回家。邝文美是名副其实的贤妻良母，天下第一大事就是为丈夫做饭，张爱玲为此还送了她一个绰号——八点钟的辛德瑞拉。

次日，张爱玲看着已经印成铅字的书稿，想都没想就丢到了垃圾桶里。站在窗边，望着奔波的人群，她不能不扪心自问，这一切究竟有什么意思呢？不过是给更多无聊的人，以茶余饭后寻找议论的题材罢了。悠悠众口，怎是你一句话，几个字就可以堵住的，如果人们习惯了把评论别人当成生活乐趣，或者习惯用别人的伤掩盖自己的黑，那么就让他们去说好了，何必计较太多。莲，出淤泥而不染；红梅，经风霜才引韵香阵阵；时间是最好的武器，是事实的有力见证人，更是受伤者唯一的保护伞。

张爱玲再次选择了沉默。在她眼中，人性丑陋何止如此，灾难面前，每个人都唯恐闪躲不及，蔓延到自己身上，而世态平淡下来，又都会无事掀起千层浪，想要海面更疯狂一些，更精彩一些，更有看头一些。如若那浪花打到自己的脚下，他们会烦恼地反击，或会净身后退，站在海岸上极尽挖苦之能事，而全然不理会浪花的无辜与悲怜。都说人有怜悯之心，那是给予小说和电影里虚构人物的，林黛玉的凄苦赚来多少人的眼泪，而杨贵妃的不济迎来的就是漫天漫地的辱骂和赐予白绫的命运。大家的同情绝不会给众人推的那面墙，它倒了，受尽苦楚才是活该的呢！张爱玲不想再在这个漩涡中打转了，她只想找个安静的场所，重新开始。

1953年，美国颁了一个难民法令，允许学有专长的人士到美国，并申请永久居留权。张爱玲根据这个法令提出移民申请，于1955年离开香港去了美国。她使用的证件是难民，证件上记载她的出生年月，身高体重，却唯独没有记载她是一位中国知名的女作家。她有了一个新的身份——难民。真不知道灵魂飘荡于云端的李鸿章看到这一幕会有何感想？他挣扎了一生，忙碌了一生，结果自己的子孙，只能以难民的身份乘船去往美国。

船记载着漂泊，大海象征着漫无边际的流浪。张爱玲从八岁一路经过“绿海洋黑海洋”，从天津到上海接母亲回家，便注定与漂泊结下了不解之缘，19岁从上海到香港就学，22岁在香港死里逃生回到上海，32岁又从香港赶往日本与炎樱汇合。如今，她再次从香港去美国定居，一路奔波，一路忐忑，把青春洒在无情的海面上。张爱玲站在甲板上，手扶着栏杆，凝望40年后将吞没她骸骨的大海。一波一涛，翻滚奔腾，她想过爱因斯坦的遗嘱会跟她发生什么关系吗？想过《红楼梦》中探春离家的场景：

一帆风雨路三千，把骨肉家园齐来抛闪。恐哭损残年，告爹娘，休把儿悬念。

自古穷通皆有定，离合岂无缘？从今分两地，各自保平安。奴去也，莫牵连。

探春走了，尚有父母亲人牵念，而自己走了，却无人挂念，是悲还是喜呢？抬头望天，蔚蓝得刺目，低头看海，幽暗得刺心，张爱玲逃避似的回到舱里，摊开信纸给宋淇夫妇写信。

张爱玲曾经坦言她年轻的时候就有这个习惯，不知是因为寂寞还是兴奋，一远行就忍不住在旅途中写信。然而，后来漂泊惯了，便不再写了，到了近些年，更是除了在编辑们的发稿签签发意见外，每写一个字都恨不得拿来卖钱。

张爱玲就是如此坦率，一语就道出很多人心里都有，却不敢说出口的话，似乎说了就不温雅，伤了形象。张爱玲不怕伤，她就是一条直线，直接刺进人性最卑微的角落，翻出世俗最丑陋的一面。在她看来，那些腐烂的气息晒晒阳光亦是好的，虽然不能杀菌，却可以叫人明明白白地看见。尴尬，反击，逃避，最终呢，还是会在孤单独处的时候正视这些丑陋。正如张爱玲所说，生命是一袭华美的袍，爬满了虱子。张爱玲是一个奇特的女子，散发迷离的光，叫人不能不瞩目。

才自精明志自高，
生于末世运偏消。
清明涕送江边望，
千里东风一梦遥。

第八章

落叶倾洒春

师生之交

我喜欢将暮未暮的原野，在这时候，所有颜色都已沉静。而黑暗尚未来临，在山冈上那丛郁绿里，还有着最后一笔的激情。

席慕容的《暮歌》不知道吸引过多少人，仿佛生命里一切都已经远去，一切又都没有结束，在夕阳斜光中，慢慢回首，一路走过的风景，还有多少被封锁在记忆里？曾经陪伴在身边的朋友还剩下几人？想来人生真是一首讽刺的诗歌，不辞辛劳地奔波一生，最后温暖你心灵的那盏灯早已熄灭，你曾经深刻爱过的那个人，最终却是伤害你最深的那一刀，你曾经妄自认为已经抓住的一切，最后还是过眼云烟，匆匆滑过，没在生命里留过半抹痕迹。

张爱玲义无反顾地选择了美国。美国纽约是一个繁华的世界性大都市，在那里，张爱玲看到了慕名已久的自由女神像，并被她的神韵所倾倒。她象征着自由、独立、挣脱暴政的约束。可自由是什么？独立是什么？真的可以挣脱暴政的约束吗？

自由是人追求的一种思想意境，是可以选择你愿意或者不愿做的任何事情；而独立则是建立在以经济为基础上的一个简洁的生活方式，风来了，你自己挺，雨来了，你自己躲，风雨中要有一个坚定的根；而挣脱暴政就有点难了，人那么渺小，被庇护在一个国家的羽翼下，国强了，有野心的统治者就会想欺负弱小的国家，掀起腥风血雨，而国弱了，又会被人欺凌，就好像晚清那个大王朝，被八个国家开启的大门，唉！张爱玲摇头苦笑，真是个复杂的大问题，是渺小的老百姓所不能解决的，所以祈祷女神来帮助。想来也蛮可笑、可悲的。

在美国，张爱玲跟炎樱一起寄宿在职业女宿舍，是救世军办的，坐落在哈得逊河岸，是一个救济难民的住所。同一帮流浪汉、酒鬼、年迈的老人住在一起。曾经风靡上海滩的女作家竟然住到这样的地方，谁知道都会苦笑，而在美国，听到职业女宿舍，所有人都会嗤笑。在两笑之间，张爱玲更加沉默了，她出身官宦之家，自小婢仆围绕，锦衣玉食，就算后来，生活颠簸，受了些苦，但亦未寒酸到这般地步，她的不习惯是可想而知的。

生活在张爱玲的生命里，从未展现过仁慈的一面，从风烟乱舞的上海，来到看似平静，实则充满现实与残酷气息的纽约，张爱玲真想化身进自由女神像里，把一切归还苍天，归还于曾经的希夷和祈祷。

他们说时光如流，转眼而逝，在繁复中尝遍人生百味，看尽阴晴圆缺，被青苔覆盖的地方积满深厚的生活阅历，可以心平气和地去看尘世万象。清湖淡水中的倒影早已垂垂老矣。这世上有人享受过程，有人注重结果，一生一世听来如此漫长，实则转眼流逝，就像张爱玲所说，生命是短的，磨难是长的。在漫长的磨难中，只有叫自己的心冰凝成壳，才能更坚定地生存下去。

到美国还不足一个星期，她便拜访了胡适先生，是炎樱陪她去的。东城81街104号公寓，一个很地道的港式建筑，让人有种回家的感觉。张爱玲笑着，她既紧张又兴奋，午后的阳光懒洋洋地拉长了她高挑的身影。

胡适这年已经62岁了，仙风道骨，温文尔雅，瘦削的身子穿着旧式的长袍。胡适是1949年4月来美国的，其一生才华盖世，享誉天下，却没什么积蓄。这位昔日的“新文化运动”领袖，“中国白话文运动之父”，35个荣誉博士学位的拥有者，第二次世界大战期间还担任过中国驻美大使。然而来到纽约，却连同夫人一起过来的钱都不够，只能叫夫人次年才来。因为雇不起佣人，便学会了自己做家务，1958年他就任台湾“中央研究院”院长，再也没有来过美国，张爱玲这次拜访，正是他生平最落魄的时候。

其实，早在张爱玲拜访胡适之前，他们便有了书信来往。那时《秧歌》刚发行时，张爱玲便把小说邮寄给了胡适先生，并随书写了短信。当时张爱玲很忐忑，胡适是名人，而自己虽然风靡一时，但毕竟此时面目全非，风光不再，胡适不加理会亦是情理之中的。没想到胡适最终还是回了信，并高度称赞了《秧歌》，说其“平淡而近自然”，是当下作品最好的一部。

这无疑让张爱玲在承受无数诽谤与误解的苦闷中，得到了莫大的安慰与支撑，如饮甘露。

不管你是帝王将相，还是贩夫走卒，人都有疲倦的时候，当身上担负的重量轻易压垮了脊梁，当终日的追逐化成茫然的迷失，当置身红尘，却迷茫红尘，独自在黑暗之路徘徊前行的时候，那轻轻伸出的一只手，淡淡一盏微弱的烛光，都可使人安慰万分。细细想来，人在凡尘中挣扎，颠簸，忙碌，为的不都是这盏烛光吗？

张爱玲一生孤苦，从小缺乏父爱，望着胡适，她由心底自然而然生出敬意与爱戴。而胡夫人更是和蔼可亲，一双手交握在一起，文雅娴静，话语中带了安徽的口音，张爱玲自小被何干（亦是安徽人）带大，乍听此音，恍惚半醒，情绪万千。

绿茶的清香缓缓飘荡在房间里，围绕着张爱玲的恍惚。她想起小的时候，在父亲书桌上第一次看到《胡适文存》，立刻坐下来，一气读完，茶饭不思，而张爱玲迷恋的《海上花》亦是父亲看了胡适的考证才专门买了来的。虽然父亲一生碌碌无为，颓废无能，但文学上的修养是很深厚的，毕竟生于书香门第，吟诗诵词，无所不精，若不是清朝腐败与无能，惹来八国联军的掠夺，父亲会不会还穿着官服，在紫禁城里行走？

张爱玲向来不善言辞，全靠炎樱打开局面，可是毕竟离开上海久了，国语亦不甚灵光，像小孩子学说话似的。张爱玲静笑着，想起林黛玉取笑史湘云的话——“偏是咬舌子爱说话”。

交谈中张爱玲才知道，原来张家和胡家还颇有渊源。光绪七年（1981年），张佩纶曾推荐过胡适父亲——胡传（1841~1895）去吉林、黑龙江边境找钦差大臣吴大澂，得到吴大澂的关照，留作幕僚，从此走上仕途。

作为已对科举之途丧失信心的胡传，丢下妻子儿女，从亲戚家借钱来到宁古塔——只有重刑犯人才被发配到这里。可以想象，这是胡传对自己的前途所做的最后选择，几乎是破釜沉舟，在人生的最低谷，张佩纶伸出了援助之手，从此让胡传的命运出现转机，对于胡氏家族而言，这是十分重要的事情，胡传当然会铭记在心。后来，张佩纶被流放时，胡传曾给他写信，抚慰他受伤的心灵，并给他寄去二百两银子。这件事被张佩纶记在了日记里，可见他对这件事亦是很感激的。十年之后，胡传跟随吴大澂治理黄河有功，朝廷决定提拔他去江苏任地方官，他还特意借此机会去看望了闲居在家的张佩纶。

张佩纶对胡传的提携，张家的后人几乎都不知道，可胡传的儿子——胡适在1946年就很清楚地了解到了。胡适曾写过一篇《张佩纶的涧于日记》，文中称，1946年，他在北京东安市场的书店里看到过《涧于日记》，这是张佩纶的日记。他随手翻看，发现里面记载有他父亲胡传的名字，并由此得知张胡两家上辈的交往。

或许因为这层渊源，胡适夫妇对张爱玲很是亲切，好像温暖的阳光，带着绿茶的清雅缓缓滚进了心里，张爱玲久久不能平静。拜会回来，炎樱知道张爱玲来美国是想重新开始，包括名与利。于是便忙不歇地去打听，回来不无失望地对她说："你那位胡博士不大有人知道，没有林语堂有名。"——她是失望他大概帮不了张爱玲什么了。

但张爱玲却没有失望。人的一生会遭遇无数次的相逢，像一辆奔驰在原野上的火车，每一站都会有人上来，有人下去，坐在对面的人总会换来换去，有些人是你看过了，就会淡忘的人，但有些人则会在你心里生根发芽，慢慢长成寂寞时拿来依靠的参天大树。而这些无法诠释的感觉被称为缘分，缘深缘浅，早在盘古开天辟地的时候就被注定了的，无法改变。

后来，张爱玲又去拜访过胡适一次。她是真心敬仰他，这次他们坐在胡适的书房里，淡淡的墨香中，张爱玲心里埋藏的对文学的信仰都被激发出来，他们谈得很投机。胡适笑着提议如果张爱玲想看书，就去哥伦比亚图书馆借，那里书多。

张爱玲真的爱书，从小喜爱《红楼梦》《海上花列传》，大了更是遍读古今。虽未见得全部通晓，可书卷中那股迷人的沉香一直围绕着她，滋润着她，形成她身上一股独特的气质。

在美国，张爱玲迎来了美国人很注重的节日——感恩节。炎樱约她同去一个朋友家里吃饭，是个开朗的美国女人，她邀请了很多客人，吃着烤鸭，喝着红酒。在迷离的饭香中，在满世界的英语下，她感觉到无比的孤独和寂寞。躲在人群里，她看到自己的灵魂慢慢飘离了身体，飘离出房间，一直向那遥远的彼岸飘去，虽然她对自己的祖国已经很陌生了，虽然她像永远生活在外面的人，但毕竟在中国，有一个张氏家族，那里有一个曾经享誉上海滩的名字，她是——张爱玲。

吃完晚饭回来的时候，天已经黑了，夜色中的纽约像一个神秘的女人，展示着它独特的魅力。然而，这座城市跟张爱玲还是没有缘分，她的才华在这里得不到赏识，她成了一个与出版界、文学界无缘的人。

风，凉飕飕地吹过灯火通明的街道，拂过摇动的柳枝，一直刮进张爱玲的心里去。她冷了，胃抽搐地痛，她再也忍不住，一阵排山倒海地呕吐，好像要将胆汁都吐出来一样。

蹲在卫生间，看着镜子中自己苍白的脸，她的眼睛大大的，黑黑的，像两颗滚进泥土中的琉璃。张爱玲僵硬着，最后还是低低地笑了。而就在这时，胡适打来电话，约她吃中国馆子，张爱玲的眼睛豁然湿润了。好像在黑暗中，独自摸索前行了太久太久，久得心里结了冰，魂里长了疤，久得以为就这样沉沦了，淹没了。但是忽然来了一盏青灯，虽然只是礼节上淡然的关心，已让人备感安慰了。张爱玲刚吐过，身体很不适，不想聚餐时失礼，还是婉言谢绝了胡适的好意。

而不久，胡适专门去看望了张爱玲，这是她始料未及的。怔了好久才回过神来，看着周边的一切，她又有些发窘了。张爱玲向来注重细节，在上海，和苏青、炎樱这样熟络的朋友约会，都会盛装出席，茶点等都异常讲究。而此时，在美国这个难民所里，客厅黑洞洞的，面积看上去有学校礼堂那么大，还有一个讲台，上面摆着钢琴，台下是一排排蜕了皮的椅子，旧沙发。所幸这里没有人，虽然干事一直动员大家每天来喝茶，但话说得越多，越无人理睬，只有张爱玲每天都会来，望着无人捧场的茶座，无奈地笑着。经营生意跟写书一样，有高潮，有低谷，红火的时候众人追捧，冷清的时候满是落魄和苍凉。

看着胡适，张爱玲尴尬地笑着，胡适却满不在意地坐下来，看了四周一眼，只说："这个地方很好，不错不错。"

交谈便自然而然地开始了，对于这次见面，张爱玲刻骨铭心，多少年后，她的文字中还流露出平淡而又深情的记忆：

我送到大门外，在台阶上站着说话。天冷，风大，隔着条街从赫贞江上吹来。适之先生望着街口露出的一角空蒙的灰色河面，河上有雾，不知道怎么笑眯眯地老是望着，看怔住了。他围巾裹得严严的，脖子缩在半旧的黑大衣里，厚实的肩背，头脸相当大，整个凝成一座古铜半身像。我忽然一阵凛然，想着：原来是真像人家说的那样。

而我向来相信凡是偶像都有“黏上脚”，否则就站不住，不可信。我出来没穿大衣，里面暖气太热，只穿着件大挖领的夏衣，倒也一点都不冷，站久了只觉得风飕飕的。我也跟着向河上望过去微笑着，可是仿佛有一阵悲风，隔着十万八千里从时代的深处吹出来，吹得眼睛都睁不开。那是我最后一次看见适之先生。

花自飘零

张爱玲在纽约盘桓了两个月，全然看不到前景，便于1956年2月12日，在她的美国出版代理人莫瑞·罗德尔女士的提议下，张爱玲向爱德华·麦克威尔基金会投去了一份求助信，希望能得到一个栖身之所。

3月2日，张爱玲接到文艺营回信，同意接纳她入住。麦克道威尔文艺营建于1907年，由著名作曲家爱德华·麦克道威尔的遗孀玛琳·麦克道威尔所创立，赞助有才华的文学家和艺术家暂时摆脱世俗干扰，在一种宁静的环境下专门从事创作。它坐落在新罕布什尔州的山谷中，占地420亩，包括40多栋房舍、别墅、工作室和图书馆，那是一座庄园式的文艺营。

当纤瘦、颀长的张爱玲出现在麦克道威尔文艺营的门口时，她的心涌上了一种说不出的感觉。昂首望天，轻盈的雪包裹着她的无奈和凄苦。

都说流水过往，一去不返，可为什么人总是在悲伤惆怅的时候，会无法抑制地怀念从前，难道人类太过平庸，经不起流年日复一日地熬煮，扛不动生活的艰辛和酸涩？人类如此渺小，当寒冷来袭的时候，只能抱着曾经的温存聊以慰藉。想当初，如何洒脱地挥金如土，消耗青春，到最后偏生靠着回忆度日，将泛黄的人生岁月一页一页翻遍，翻烂。

张爱玲并不是一个善于感伤的人，但来到美国短短的几个月，却让她常常感伤。她离开中国的时候，已经给自己找好了目标，就是为了摆脱世俗的枷锁和“汉奸”之名，寻找她心中的那种自由生活，然而“自由”没得到，经历了更多的“不自由”与艰辛。偏生张爱玲是一个没有安全感的人，在她看来，安全感是建立在金钱上的，只有在稿酬到手的刹那间，她才能感觉到那种瞬间的安全。

是苦怕了，还是生性如此？宛如茫茫人海中飘荡的灵魂，曾经亦想挤进凡尘，却因带着孤傲的刺而被拒之门口。无奈中，蹙眉一叹，飘然而立。做不了世俗中人，只能遥望世俗之事。但张爱玲忘了，这毕竟是风烟乱舞的红尘，任你如何遗世独立，也免不了被刀削斧锉。诗情画意谁都愿拥有，对月吟叹，拈花一笑，何等乐哉，但当肚腹饥饿难耐，你又如何吟叹，如何一笑？世俗中做俗人，落难中做难民，这本不是选择题，是人生必然的修行。

从一个风靡的女作家到“汉奸”到“难民”，张爱玲尝尽了世态炎凉，品尽了人情冷暖。她的心就好像这里的气候，被寒冷覆盖着。所幸文化营的作息时间非常适合张爱玲，每天上午各式各样的艺术家聚在一起共进早餐，之后各自工作。午餐由服务人员把食物篮送到工作室门口，由人自取。下午四点以后便是自由活动时间，然后，共进晚餐，给大家一个交流的平台。张爱玲不善言辞，她只做听众。

有人在这里朗诵自己的新诗或者旧作，有人表演一段戏剧，有人出刁钻的谜语让大家猜，有人杜撰别致的游戏或者笑话与大家分享，时间在指尖轻松而愉快地滑了过去。

在文艺营期间，张爱玲下决心要写出她的第二本英文小说。其实，这本小说就是在上海曾经给她带来很大荣誉的《金琐记》的扩写本——《粉泪》。最初的几天，张爱玲除了自己在工作室里写作，就是读书。文艺营里有很多可阅读的书报，张爱玲觉得这里慢慢有了家的感觉。

轻轻推开窗，外面一片迷离的白色，白的山，白的树，白絮堆积的松针，鸟儿竟然飞起，引来雪色点点。宁静，安静，带着轻微的寒冷，张爱玲决定去客厅里喝杯咖啡，暖暖僵硬的手脚。

大厅里人声鼎沸，张爱玲拿着清苦的咖啡，坐到最明显的位置。其实她亦知道自己是个怪人，不喜欢跟人交往，却喜欢热闹的气氛，听着别人的喧哗辩论，寻找写作的题材，也享受其中乐趣。张爱玲的目光流离其中，忽然被一个人吸引住了。

这是一个年纪较大的白发长者，被几个气质不凡的艺术家围着，饶有兴趣地听他讲好莱坞的种种笑话。张爱玲一边听着，也跟着他们的话题微笑着。好像是一种感应一样，老人忽然转过身来，看了张爱玲一眼，目光坦诚而深邃，张爱玲心中一动，她那作家的脑子里直接涌上了这样的句子："这张脸好像写得很好的第一章，使人想看下去。"这个人便是赖雅，张爱玲的第二任丈夫。

赖雅原是德国移民后裔，年轻时就显露了耀眼的文学才华，他个性丰富多彩，知识包罗万象，处事豪放洒脱，结过一次婚，有一个女儿。但生性奔放自由的他，很不适应婚姻的束缚，便与女权主义者的前妻解除了婚约。

赖雅的性情吸引了许多有才华的人，与他为伍的作家后来大都成为世界名人。如刘易斯，还有布莱希特。前者是诺贝尔文学奖的获得者，他称赖雅早就应该得此奖，而后者成为戏剧界的一代大师，当年还是靠了赖雅的帮助才在美国定居。

赖雅家境小康，从小到大就读名校，懂得生活的好品味。于1912年进入哈佛大学攻读文艺硕士学位，毕业后曾在麻省理工大学任教，后来辞去教职，成为一名自由撰稿人，写过不少诗歌和剧本。1931年进入好莱坞，曾是好莱坞最受欢迎的剧作家。

赖雅在30多岁时，衣着入时，风度翩翩，一副帅哥才子的派头。然而，到了40多岁时，人们一看他，就像一个资产阶级的对头，因为那时的他，变成了一个热情的马克思主义者，但他并没有加入共产党。赖雅本来就疾恶如仇，对被压迫的人们总怀着一种出于自然的同情心，总替美国的劳工和普通民众考虑，是一个理想主义者，这一切，当然会与马克思主义的某些部分不谋而合。这也正说明了为什么在他的作品中，常常都是以社会小人物和他们的遭遇为主，被称为“左翼剧作家”。他的巨作《以色列城堡》和长篇《我听到他们唱歌》都受到很高的评价。

在好莱坞的12年，是赖雅人生最辉煌的时候，也倾尽了万贯家财。他是那种没有经济概念的人，有一分钱都立即花光，没钱了就写些稿子，连妇女杂志和烹饪的稿子也写。这样的任性使他没有什么积蓄，过了天命之年，各方面甚至包括身体似乎都走了下坡路，文学上无大建树，经济状况拮据，摔断了腿并数度中风。为了重振文学雄风，他来到麦克道威尔文艺营。

对赖雅来说，文艺营里，反反复复是一些熟悉的面孔。而张爱玲的到来，就是一阵春风，带着梨花的清香，冲洗了这里的沉闷。而她周身上下都充满了矛盾和奇特，她高挑而纤瘦，她沉默寡言却服饰绚艳，她出生高贵却谦逊怯弱，就好像碧波上被晨雾包裹起来的莲，那双眼睛，就是荷叶上晶莹的露珠，轻轻滚动，忧郁寡欢。这一切不能不引起了赖雅的注意，他从别的营员那里知道张爱玲来自东方最古老的国度——中国。赖雅走向了她，带着话剧腔调郑重而风趣地说："请允许我介绍我自己——"

缘分是什么？他们说缘分是一种修行，是前世注定的因果，当你带着啼哭走进凡尘的时候，就已经开始等待着有缘的人出现，演绎着人间千般故事，万种柔情。赖雅从德国而来，张爱玲从东方到此，就好像天际两颗本不相连的晨星，按着轨道运行，突然一撞，就到了一个世界里。那一天是1956年3月13日，张爱玲生命中又一个值得纪念的日子。距离她第一次见到胡兰成，已经整整过去了12年。

12年是一个轮回，12年是6373天，无数个起风的日子，无数个落花的朝暮，当墙边发黄的篱笆悄然而落，看着镜中苍白的脸庞，原本的青涩早已被落寞取代，连嫣红的胭脂都无法掩盖。曾依偎窗前，幼稚地感叹时间太慢，如今焕然知道，时间匆匆如流水，转眼已地老天荒。果真是覆水难收，春去又会春回，花谢花还会再开，可人一旦把光阴错失，就再也没有回头的机会。

他们说人生是一笔糊涂账，但细细想来，也不尽然，别人为你付出，是因为别人喜欢，你为别人付出，是因为你甘愿，何必计较太多得与失，何必妄自长叹天道不公。当细雨扫过林叶，当繁花落满枝头，我们不能不佩服那些爱过无悔的人，就算分手，亦可真诚面对，不求回报。

在那个飞雪的季节，张爱玲认识了赖雅，他们经常一起谈文学，谈人生，谈风土文化。赖雅是一个知识渊博，兴趣广泛的人，对于戏剧、电影、小说、诗歌、摄影、旅游，甚至政治都有很深的介入和独到的认识，读张爱玲的小说总能提出自己的看法，懂得其中的韵味，一如当年的胡兰成。

“因为懂得，所以慈悲。”（张爱玲语）赖雅跟胡兰成真的有很多相像地方，他们都才情过人，都有过婚姻，有着子女，回首往事都留着戏剧性的足迹，胡兰成比张爱玲大14岁，而赖雅大了足足29岁。

但赖雅跟胡兰成还是不同的，他没有胡兰成的那份私心和现实，他聪明，善良，总希望给予别人帮助，付出比得到更快乐，他有非凡的灵性与领悟力，性格充满浪漫和戏剧性，但勾画的都是不切实际的幻想，而缺乏生活的计划，像一个长不大的孩童。

所有人都为张爱玲惋惜，她明明可以找个更好，更年轻，与自己更般配的，但是她没有，她就是那样一个爱情至上，痴傻别致的女人。她爱上了这个充满才情的男人，虽然这个爱不似以往那样干净纯粹，包含了更多的崇拜、尊重和依赖，赖雅于她是父，是兄，是可以谈天的知己，更是能依靠的大树。张爱玲太累了，这么多年来，她就像大海中的泡沫，滚到浪里，滑在涛口，她想找个浮木，而赖雅碰巧出现了，抓住了手，靠稳了肩，就不想再放开。

有了赖雅的陪伴，张爱玲的写作忽然变得很流畅，也迎来了新思想的介入，让异国情调增强了《粉泪》的画面冲击力。曾在1943年，她凭着中篇小说《金锁记》一红倾城，如今她将它译成英文版的《粉泪》，追求一点异国情调和笔触，想用它敲开美国的文学之门，重振自己极致的风华。

回首以往，雪地里留下一排清晰的足迹，是自己曾经一步一步，小心翼翼留下的。那里记载着曾经的风靡和绝代，阳光辐射中，方露出点点不足，张爱玲是唯美主义者，当然忍受不了，于是，便穷此后半生弥补一切的不足。从人物到结构都做了细心的整理和深入，将《金锁记》改为英文版的《粉泪》后又改为《北地胭脂》，再后来译作中文版的《怨女》；将《十八春》部分删除，更名为《半生缘》，重新出版，将《五四遗事》《色·戒》《浮花浪蕊》等小说题材一改再改，结集为《惘然记》出版。

张爱玲是个极致的女子，她一生迷恋《红楼梦》，殊不知她本身就是红楼梦中花样的女子。她对爱情有着林黛玉的痴迷和不计世俗，爱了就是爱了，干净的，纯粹的；她为人有着妙玉的“天生成孤僻人皆罕”，又有着王熙凤的势利冷酷；处世上呢？则是一派惜春的口冷心冷，幼稚犹怜。毫无疑问，张爱玲注定奇妙奇特，荡荡漾漾，如烟似雾，美得极致。

飞雪的时候，张爱玲他们会别出心裁地去幽谷中走走，看着松鼠在枝头跳来跳去，看着云雀在巢中低低吟唱，风吹过，带起雪花片片，在温存的月光中闪耀迷离的神韵，张爱玲昂着头，微笑着。

每一个女子都需要爱情来滋润，何况是张爱玲这种充满才情与情感的女人。她的世界里，爱情就是完美的奉献，一次比一次彻底，一次比一次决绝，赖雅虽然是个值得爱的男人，但毕竟已经走过了青梅展露的年华，步入了花白的迟暮之年，只要时间再无情一点，就会轻易吹落他的灯，斩落他的情，一去不返，化为春雨。

张爱玲心中充满了悲怜，赖雅看出了张爱玲的想法。而5月14日，他在麦克道威尔文化营的期限就要到了，他已经获准了去纽约北部的耶多文化营，三天后就要离开了。望着张爱玲细致的脸庞，他痛楚地说："我老了，如果我还年轻的话，我一定不会错过你的！"

人生就是一次又一次的相逢，一次又一次的离开，相逢的时候满心欢喜，离开了化作惆怅点点。在命运的巨轮下，人都是那么渺小而卑微，想抓住的抓不到，想放手的放不开，想争取的不敢争取，想舍弃的又久久牵挂心里，一寸一寸凌迟着你的灵魂。张爱玲已经失去过一次爱了，她不想亦不能再失去第二次，虽然这个亦如海上的浪花，惊艳而不真实。她回身紧紧抱住了赖雅，那是5月12日，在异国，在壁炉点点星火中，张爱玲再一次完整地奉献了自己，这一次，她没有卑微到尘埃里，而是被捧在手心，小心呵护。

一片落叶

香冷金猊，被翻红浪，起来慵自梳头。任宝奁尘满，日上帘钩。生怕离怀别苦，多少事、欲说还休。新来瘦，非干病酒，不是悲秋。

休休！这回去也，千万遍《阳关》，也则难留。念武陵人远，烟锁秦楼。惟有楼前流水，应念我、终日凝眸。凝眸处，从今又添，一段新愁。（李清照《凤凰台上忆吹萧》）

如果说相逢是首歌，那离别就是咖啡，虽带着醇香，却苦涩无比。茫茫红尘中，相逢，离别，反反复复，像奔腾的江水从来没有停歇过，本该习以为常，洒脱挥手，道声珍重，但望着曾经感动心怀的容颜，酸涩再次冲垮嘴角边伪装的微笑，泪水成了忠诚的叛徒，本是人生必然的修行，却成了揪心扯肺的修炼，我们不能不仰天长叹，如果注定是碧波中的浮萍，守不长时，又何必戏弄得将之牵扯一处？既然习惯依偎，又何必用分别来掀起寒意连连？

张爱玲不舍，但她习惯了沉默，习惯了离别。三天后，她送赖雅到火车站，临别塞给他一个信封，里面是几张绿色的钞票。

赖雅一生挥金如土，交游广阔，从来都是他给别人钱用，这还是第一次有人主动给他钱，而且是一个自身都难保的新难民。他的惊讶和酸涩，被火车巨轮缓缓辗压着，每往前行驶一寸就带着撕心裂肺的疼痛，天边的孤雁亦已明了，它挥翅而过，告诉他这个女子值得他一生珍爱。赖雅明白，但望着渐渐远去的，年轻的张爱玲，他不能不对自己的年龄产生巨大的遗憾，美好的日子就在眼前，他却老了。

到了耶多，赖雅就迫不及待给张爱玲写了一封又一封情书，诉说着自己的思念和爱恋，而张爱玲又变成羞涩的小女生，每每收到信都欢悦不已，忽然想起了《凤凰台上忆吹箫》。

那还是战国时期，秦穆公有个小女儿，因自幼爱玉，故名弄玉。弄玉不仅姿容绝代、聪慧超群，于音律上更是精通。她尤其擅长吹笙，技艺精湛国内无人能出其右。弄玉及笄后，穆公要为其婚配，无奈公主坚持若不是懂音律、善吹笙的高手，宁可不嫁。穆公珍爱女儿，只得依从她。一夜，弄玉一边赏月一边在月光下吹笙，却于依稀仿佛间闻听有仙乐隐隐与自己玉笙相和，一连几夜都是如此。弄玉把此事禀明了父王，穆公于是派孟明按公主所说的方向寻找，一直寻到华山，才听见樵夫们说："有个青年隐士，名叫萧史，在华山中峰明星崖隐居。这位青年人喜欢吹箫，箫声可以传出几百里。"孟明来到明星崖，找到了萧史，把他带回秦宫。

萧史与弄玉成婚后，教弄玉吹箫学凤的鸣声。学了十几年，弄玉吹出的箫声和真的凤凰叫声一样，甚至把天上的凤凰都引下来了。秦穆公专门为他们建造了一座凤凰台，这就是凤凰台的由来。萧史和弄玉住在凤凰台上，一连几年不饮不食，亦不下台。有一天，二人笙箫相和后，竟引来金龙紫凤，萧史乘龙，弄玉跨凤，双双升空而去。

萧史善吹箫，作鸾凤之响。秦穆公有女弄玉，善吹笙，公以妻之，遂教弄玉作凤鸣。居十数年，凤凰来止。公为作凤台，夫妇止其上。数年，弄玉乘凤，萧史乘龙去。

他们是以箫携手，张爱玲与赖雅是以文交心，但愿亦能如他们，相伴今生。6月30号，张爱玲在文化营的日期也到了，虽然递交了延期申请，但由于文化营的名额满了，要到10月份才可以续签，张爱玲只能收拾行李，搬到了纽约一个朋友家里。

有人这样形容这个年轻的城市：你爱一个人，就把她送到纽约，你恨一个人，亦把她送到纽约，无疑是说这个城市的多变与无常，一脚踩在天堂里，一脚掉进地狱里，而张爱玲在这个遍地是摩天大楼、奔驰汽车的城市，只感觉繁华后面的贫穷与饥饿。

张爱玲在这里找不到工作，只能靠写作为生，然而美国文坛的大门始终对她紧闭着，她的作品邮寄出去，都无人问津。失落、无助像一把最钝的刀，割舍着她的灵魂。而就在这时，她发现自己怀孕了，除了短暂的紧张和兴奋外，她便愁云满面，六神无主了。以她现在的能力怎么能抚养一个孩子呢？她想到了赖雅，于是在7月5日那天，赖雅收到了张爱玲的信，知晓了一切。在午后的阳光中，他思索了好久，还想起了吕蓓卡和霏丝，那是他前一任妻子和唯一的女儿。

那是1917年7月，他与美国著名的女权运动家吕蓓卡结婚，并生了女儿霏丝。但赖雅是个天生的流浪者，酷爱自由，追求享乐，不停地东奔西跑，把口袋的钱花得精光，而吕蓓卡也为她的女权主义，热血沸腾，奔波忙碌，家庭中甚少温情，于是1926年，两人友好地协议分手，赖雅得到了自由，就再也不想跳进枷锁里，直到遇到张爱玲，他又想到了结婚。这是个他不能允许自己错过的女子，于是他做了决定，向张爱玲求婚，但前提是必须拿掉孩子！

当月，张爱玲就来到了耶多，做了流产手术，并付出了永远无法做母亲的惨痛代价，命运于她，从来没有一丝一毫的垂怜，哪怕她是才华横溢的旷世奇才。躺在临时公寓的榻上，真切地感觉到这个小生命离开了自己的身体，没有挣扎，没有反抗，甚至连一个蠕动都没有，无声无息，消失无痕。张爱玲没有责怨，甚至还给了赖雅三百美元，作为这段时间的生活费——对于自己将来依靠终生的人，张爱玲还是选择了在经济上分得清清楚楚，只有她帮人，没有她欠人。

孩子究竟算什么？曾听到过最优美的解释，说那是两个人爱情的结晶，可随着社会的发展，一个相当尖锐的问题摆在了我们面前，那就是贫穷。贫穷？一种是精神上的贫乏，一种是物质上的穷困。

曾经风靡网络的一个帖子是这样说的：“拒绝给月薪2500的老公生贫三代。”这就像一个重型炸弹，从网络轰到了现实社会。有人说，“养育孩子是一辈子的责任，若是没相应的经济能力，还是不要随便制造责任。”与此同时，反对者也不少。这部分人表示，做父母的没有权力不让孩子出世，因为孩子毕竟是维系家庭幸福的纽带，也是社会的希望所在。

两种答案，代表两种人性，一种是务实的现实主义者，一种是追求完美的唯美主义者，无法分出谁对与谁错，因为这不是选择题，只是一种社会现象而已。

1956年8月14日，赖雅和张爱玲在纽约市政府公证结婚，正式结为夫妇。这一年赖雅65岁，张爱玲36岁。按照美利坚合众国法律，结婚至少需要两位证婚人，赖雅请了自己的一位好友马莉·勒德尔，而张爱玲则请了炎樱。

炎樱带着真心诚意的祝福，希望自己的好友这次没有选错，再也不要重复从前的路，希望她可以幸福快乐，但是看着赖雅花白的头发，她又不能不担心，这样一个老人能给张爱玲多少幸福呢？

没了孩子，有了婚姻，一个证书换来了张爱玲在美国长期居留的绿卡。其实张爱玲的两次婚姻都是充满戏剧性的，前夫胡兰成，从风光无限的汉奸到东躲西藏的逃犯，现任的丈夫赖雅却是忠诚的马克思主义，从黑色到红色，从中国到美国，张爱玲要的男人都是才华横溢，而绝不去考虑什么政治面貌。

她给香港好友宋淇夫妇的信中，抑制不住地说出自己满心的高兴："我和Ferd常常谈起你们，等手边稍微宽裕点就到东方旅行……相信几年内我们会见面，那一定像南京的俗语：乡下人进城，说得嘴儿疼。"

1956年10月，赖雅和张爱玲再次回到了麦克道威尔文艺营，这是他们相识相爱的地方，每一处都留着美好的记忆，每一处都载着甜蜜的情感。两个人过着神仙眷侣般的生活。

而从新婚伊始，两个人就明显地表现出了生活上的差别。张爱玲是晚睡晚起，不爱结交，有了赖雅在身边作伴，她更是连起居室的门都不出了，她对外界的了解全靠赖雅的沟通。而赖雅早睡早起，在安静的晨曦中，看着熟睡的妻子，亦是一种享受。他知道张爱玲的生活能力很差，很会享用，却又怕麻烦，比如她爱喝咖啡，但自己不喜欢去煮。而赖雅就会在醒来后不久，小声下床，花费一上午的时间去研磨咖啡豆，亲自给张爱玲烹制真正的意大利咖啡。

然后一个早晨，爱玲被赖雅的呼唤惊醒，她发现赖雅正半躺在地上不能翻身，张爱玲吓坏了，连忙将赖雅扶上床，喊来医生，经诊断，确认是小中风。这对婚后刚刚两个月的张爱玲是兜头一棒。而12月19日，赖雅再次发病，这次来势汹汹，不得不送进医院。

望着赖雅惨白的嘴唇，张爱玲忽然发现，自己要找寻的依靠竟然比她还脆弱，不知不觉，角色转换，她成了拐杖。

世间的温暖绝不是锦上添花，而是雪中送炭，是相依相伴，不离不弃的执着。像黑夜中的一盏明灯，照亮了心，温暖了心。人世间有太多的孤苦，太多的无奈，太多的艰辛和凄凉，能有一个人愿意和你牵手而行，看过千山暮雪的雅丽，送走被冬雪浸泡的黄昏，那不失是一种幸运，一种有人穷此一生亦无法得到的恩宠。

放眼望去，繁复红尘的男女早被现实的烟雾吞没，学会了伪装，学会了虚荣，学会了如何自保，如何进退得宜，他们在身边竖起了冰冷的墙，却终日面带微笑地周游人际。当日落西山，星辰挂满天边，我们在窗边寻找独处的安静，豁然发现，原来本质中的那份纯真并没有失去，而是被挤压成又薄又小的纸片，埋藏在心底，那里有繁花点点，流水潺潺，那里有安静、安然和安全。我们会翘首而望，原来生命予我们，只是戴着面具的一场戏。

岁月流水

岁月如流，转眼而逝。当雪絮点亮幽暗的山谷，当松鼠收起调皮的脚步，当清明的鸟啼唤醒熟睡的张爱玲，看着她俯身小心翼翼地盖好赖雅的被子，谁还能说这个女人绝情冷漠呢？在她的身上，只能读到最清晰，最完美的爱情。他们说爱情是一场修行，听着都叫人心动，然而，在漫长又短暂的人生旅途中，又有几人能修行圆满，得到正果呢？

爱情的修行里，没有高山流水那般的顺畅雅致，没有雾扫青竹的流离舒畅，它就像一首平仄的七言绝句，意境优美，起落有致。每个人都沿着心中的期待，前行无悔，在这场修行里，没有彷徨，无法迟疑，因为光阴无情，在你犹豫的时候，它已悄然而过，将青春没收，连做梦的资格都不给你留下。

当赖雅再一次战胜中风回到文艺营时，张爱玲已经从心里接受了赖雅的病状。她比任何时候都要在意自己作品发表的情况，不是为了事业，而仅仅是为了那急需的稿费。

渐渐康复的赖雅陪着张爱玲出了趟远门，去看望波士顿的表兄，也陪张爱玲去了波士顿最大的百货公司购物。那是张爱玲喜欢去的地方。看到张爱玲喜悦地欣赏着那些华丽的商品，赖雅有些伤感。这是女人的通病，却益发呈现了男人的无能——他没法买给她。

张爱玲却微笑着说：“欣赏的快乐是多过拥有的，我喜欢看橱窗，就是因为那是可以不花钱的享受。”她给他描述从前在上海看过的一些过目不忘的美景与饰物，说：“我特地去虹口看了几次，不买也是高兴的。”

张爱玲说的是事实，但也不能否认她是喜欢挥霍的，只是现在没了资本去挥霍。她只能给赖雅指点着，这个，那个，设计得多么巧妙，颜色用得多么地道。此时的张爱玲是欣赏多过想要拥有。

赖雅还陪她去了纽约，看炎樱，亦到张爱玲投稿的戴尔出版公司商谈小说的出版事宜。出版的情况不令人高兴，出版公司对出版一个中国女作家的小说没有信心，还要再研究研究。

不知道是谁说过，女人不开心的时候就会买东西，张爱玲或许亦是被失望打击了，立刻去了纽约最大的商场，为赖雅选了一双上好的约翰·华德出品的皮鞋，也为自己买了一副做工精细的意大利产的皮手套。他们终于在婚后拥有了各自第一件奢侈品。

1957年4月，张爱玲和赖雅在麦克道威尔文艺营的时限再次到期，而且已经不能继续申请，赖雅向耶多文艺营提出的再次申请也遭到拒绝，幸好哥伦比亚广播公司传来佳音，张爱玲的小说《秧歌》将被改编为剧本，该公司付上了1350美元的改编费，还有90美元的翻译费。这笔钱看上去不多，但对急需钱用的张爱玲和赖雅来说，将意味着他们可以租房子，有了栖身之所，一个家。

家，一个好温暖的词语，像一把郁郁葱葱的雨伞，风儿望而却步，雨儿退避三舍；家，一个好真挚的词语，像一炉燃烧在寒冬的星火，驱赶冰冷，击退迷茫，轻轻柔柔地将你环抱，而家，在张爱玲眼中变得简单而干脆，就是一个栖身的场所。若可以，最好有个相知相守的人来陪伴，品一杯咖啡，谈一卷诗词，安静的守护午后一帘阳光，生活的美妙只在细节，张爱玲的快乐仅是简单二字。

张爱玲是一阵奇特的风，飘荡在风舞的红尘里，淡淡的墨香成了抒情的羽翼，浓浓的感叹成了醒世的悟语，雪打过枝林，风漫过冰洁的湖波，世界在安静中演绎了万马奔腾的喧哗。张爱玲冷眼观望，看着那里燃起了火，漫上了天，她静静退后一步，不想叫火焰烧毁自己艳丽的裙摆。她是冷漠的，因为她知道，人来到这个繁复尘世都是有定数的，谁该走哪条路，谁该痛苦，谁该快乐都是上帝恣意调配的戏码，你可以异议，却不能抗拒。戴上面具，踏进风雪乱舞的舞台，看着墨绿的苔藓爬满脚背，爬满周身，成了摆拖不了的责任和义务，累吗？累了！但又能如何，只能在稍微安静的时候，看看心底残留的幻梦，追溯轻烟醉荷的雅致，那不失是一种美好。不管上帝是何等强大，都入驻不了这里，所以请你好好把握，多积攒些叫他恼怒的筹码。

纵观张爱玲的一生，多像大观园中的林妹妹，虽得上天的垂怜，得到了旷世的才情，却依旧摆脱不了凡俗的烟雾。她厌恶，嘲讽，故而远远躲开，却因身世凄凉，以自尊掩饰自卑，用孤傲化解娇怯，性格上的缺陷掩盖不了叛逆思想的光芒，她便只能是她了。

欲讯秋情众莫知，喃喃负手叩东篱。孤标傲世偕谁

隐，一样花开为底迟？（曹雪芹《红楼梦》）

张爱玲和赖雅选中了离文艺营不远的彼得堡松树街25号，一个带家具的公寓，交通很便利，房租61美元。由于是旧房子，公寓里常有蚂蚁光顾，当赖雅兴冲冲地从集市上购物回来，就看见张爱玲全副武装的，拿着杀蚁剂，如临大敌地满屋子喷扫，赖雅便送了她一个绰号“杀蚁刺客”。

都说贫贱夫妻百事哀，但在张爱玲他们身上，我们却看到了虽然贫穷，却精神饱满的夫妇，在幽静里享受时光的美好。

因为公寓实在是太破旧了，她买来油漆，将房子当成作品一样地来完成。把赖雅的房间漆成绿色，希望赖雅的健康能受绿色的鼓舞。把自己的房间漆成了蓝色，希望自己的心情像蓝天一样的平静，平静才能有成果。成果是张爱玲一生都没有放掉的，它所代表的不单单是精神上的享受，更是物质的保证。

林黛玉在大观园，顶着亲戚的头衔，过着如梦如幻的完美生活，她虽苦楚，却不曾缺医少药，而张爱玲一生颠簸，闻到牛奶的焦香都会饿。而如今，身处异乡，租着别人的房子，用着跳蚤市场的家具，伴着病弱的老人，她所能求的只是一碗羹，一炉火，在寒冷的冬天亦能温暖。

就在这个简陋的小屋里，两人开始了他们简单却又充实的生活。就像两个寄居蟹在仅可以避风的地方生存着，他们都是搞电影剧本的，对电影的欣赏简直就是职业性的欣赏。于是，看电影便成了他们晚上的主要活动，他们在这里看到很多电影。

在这期间，张爱玲的写作进行得并不顺利，出版也是如此。以前出版张爱玲的《秧歌》的出版公司不准备出版她在文艺营改写的小说《粉泪》，但仍旧断断续续地付给她微薄的版税，也仅是300美元而已。

生活似乎被一屏幕的黑色遮掩起来，月亮和阳光沉淀在山谷深处，在这漫长的看不到希望的生活里，张爱玲终于病了，将近一个多月无法写作。躺在病床上，看着窗子上若隐若现的窗花，她的心一点点融入在黑暗里，辗转着，徘徊着，慢慢被现实吞噬着，等她病好后，她便把写作的重点放在了为香港写电影剧本上，这些电影剧本多是描写市民搞笑内容的本子，但为了糊口，张爱玲仍旧接受了香港好友宋淇联系的剧本任务，因为写剧本的报酬还是很优厚的。

赖雅的背这时经常疼，他并不知道这其实是一种警告，是他的中风老毛病的前兆，他只是以为伏案太多的缘故，加之爱玲又会些穴位的按摩，在他疼得厉害时，也能按摩几下以缓和疼痛。赖雅十分感动，他觉得他在晚年的时候能够和张爱玲生活在一起，简直是上帝给他的最大奖赏。

张爱玲现在每写完一章都要计算一下劳动所得价值几何。她看上去是这样的矛盾，她不在乎赖雅的贫穷，也不在乎赖雅治病所需的医疗费用，但她却明明白白地在计较着自己的稿酬收入，算计着她的用度是否超支。这些经济的计算是这样明显地左右着她的情绪，进项丰厚些，她的快乐就多一些；进项少一些，她的情绪就低沉下来。

赖雅在张爱玲的影响下，也制定了自己的工作计划，他要继续写他的剧本《克利丝汀》，还要帮助马克·休勒写《辛克莱·刘易斯》。而张爱玲也在繁忙的写作当中，改写两个剧本，每个可以拿到1500美元的稿费，她还通过宋淇夫妇的帮助，为美国香港新闻处做翻译。

生活如流水，匆匆划过，带过冬的安静，携走春的轻盈，迎来夏的璀璨，步入秋的沉寂，轻轻点点，静静悄悄，虽然贫苦，却也安然。或许这就是生命本身存在的价值，昂首看过日落西沉，耳畔扫过落叶的轻灵，在凡尘俗世中有着欣赏一切的雅致，而少了妄自残杀的惨烈，那不是很好吗？生命不过短短数十载，何必苦苦算计，用尽心机。如果薛宝钗当初知道结果竟会那般不堪，她也会更多地去寻找快乐，去享受生命了吧？！

张爱玲一生钟爱红楼梦，早已参透其中的微妙。她就是一个飘渺的灵魂，有了赖雅的依赖，她过得很快乐，是一种生存的快乐。

第九章

风雨皆无情

墨绿遗落

人都是好矛盾，好渺小的动物，在万丈红尘中，颠簸流离却终究看不清什么是淡漠，什么是在意，连一如张爱玲这般脱俗的人，亦是如此。

当父亲过世的时候，她曾徘徊在街头，只为寻找父亲带她吃过的小腊肠面包。看着涌动的人群，她才恍然知道，自己早已经原谅了他，原来自己还是爱他的。时间匆匆而过，失去的终究失去了，不管你如何懊悔，它都不会重新来过。这也是人的悲哀之处，花谢总还有红染枝头的时候，日沉终还会有艳阳高照的那天，然而，人生匆匆数十载，转眼流逝，逝去了便永不会再来。别说今生来世，那只不过是文人墨者的自我安慰，不要说因果轮回，我们试图伸出了手，只是摸不到所谓的因果，抓不到所谓的轮回，有的只是那孤单的落寞，与茫然的悲哀。

或者人生本身就是悲哀的演唱，在空寥的舞台上，风声是伴奏，雨儿是观众，在风起云涌中，我们摆脱不了灵魂孤单的宿命。就算张爱玲置身世俗之外，依旧有着七情六欲，有着人性的悲欢离合。她的小说中充满着墨绿色的影子，那是她的一种思念和牵挂，她习惯遥望着墨绿的颜色，就像习惯空气在冬季里的清凉，在夏日中的燥热一样，她从来没有想过会有一天，墨绿淡落，一去不返。

1957年秋，一封加急电报来自伦敦——母亲病危，马上要做手术。狂烈的风扫过繁花的枝头，一片凌乱，张爱玲在散落中摇摇欲坠，脸色比残花还要苍白，呼吸比落叶还要微弱，她完全被打晕了，她知道这个电报与其说是通知，还不如说是要求，母亲是要见她最后一面啊。可是看着口袋里的钞票，张爱玲再一次明白了金钱所代表的意义。在现实的社会里，没有人会为你没钱付出的惨烈买单，你只能默默承受——是撕心裂肺的痛，是无助尴尬的惨烈。当尖锐的刀划过心脏，开始是点点的麻木，而后是长久的疼痛。张爱玲去不了伦敦，因为她买不起一张飞机票。

人们都说追求物质享受的人是疯子，追求精神饱满的人是痴者。它们像两条不交接的河流，各自在不同的轨道奔腾着，然而它们毕竟是人体中并存的东西。张爱玲是疯子，因为她爱钱，张爱玲是痴者，因为她追求精神饱满。而现实面前，她既不能完全做个疯子，亦不能一痴到底，所以她是痛苦的。她一生飘零挣扎，风光过，落魄过，静静仰望一波墨绿的湖水，她守护于心。未想生命无常，她还是在这样不堪的情况下，遗落墨绿的清香。

黄逸梵手术后不久便与世长辞了，她留给张爱玲的是一只箱子，从遥远的伦敦漂洋过海，送到她面前。张爱玲跌坐在地毯上，夕阳的阳光从窗子斜射进来，静静拥抱住她的感伤和悲痛。她喘息着，手指颤抖，慢慢伸出来，还是打开了箱子，是满满的古董、遗物和一些照片。母亲的微笑温柔而雅致，像春季的风，有着醉人的清香。张爱玲嘴唇抽搐着，眼睛张得大大的，接着，一层薄薄的雾气蔓延过来，一颗晶莹的泪珠滴落在苍白的脸颊上，滴落在母亲的微笑上。那一刻，张爱玲只感觉到刻骨的刺痛和遗憾。

这遗憾是一辈子都无法淡漠掉的了，就像母亲极其孤苦的一生一样。她自小无父无母，被大娘带大，小心奉承，生怕出一点的错；后来，她结婚了，没想到嫁的又是那样败落的子弟；与孪生弟弟分了家产，得到一些古董，便漂洋过海，想追寻新的生活，新的开始。然而命运不济，她虽痛恨小脚，却用小脚走过了半个地球，她虽信赖爱情，却终被爱情丢弃，珍珠港不但给世界一个大的炸弹，也打落了黄逸梵情人的生命之火，打落了黄逸梵的希望和快乐。她曾做过尼赫鲁姐姐的秘书，在马来亚侨校教过书，在英国最落魄的时候做过工厂的制皮包女工。她的生活已如此艰辛，还是给张爱玲留下了一箱子古董，那里究竟隐藏了多少的心血，多少的眼泪，多少的沧桑和无奈。

人的一生真的好可悲，忙忙碌碌中，我们不知道究竟想要追求的是什么，最终又可以得到什么。我们就像大海里漂泊的枯木，随着浪花起起伏伏，没有依靠，只能任由命运的巨手来戏弄。这是人类的悲哀，还是人类本身就很渺小，根本担负不起“掌握”二字，只能在卑微中去做反抗，就像下雨时我们会打伞一样，低头看着湿了的鞋子苦笑。水色不单单会湿了鞋子，还会潮湿了心，那里被现实挤压太久，满满的沉重和苦涩，很多人会选择漠视，因为打开了会更痛，更无助。

1958年10月中旬，由胡适作保，张爱玲申请到南加州亨亨顿·哈特福基金会为期半年的居住资格，那里可以俯览整个浩瀚的太平洋。张爱玲不喜欢社交，但是她骨子里就是都市人，她始终愿意生活在城市里，就像那句古话所说“大隐隐于市”，枕着城市的喧哗声入睡，她会安静，安全。

半年期满后，他们再次搬迁，这次他们来到了旧金山，一个美丽的滨海城市。风中都带着清淡的海鲜味，张爱玲喜欢这里，并计划写一部关于以西安事变为背景的长篇小说，名为《少帅》。她想去台湾收集材料，最好能采访少帅张学良本人，她还想去香港探望宋淇，追寻更理想的写作题目。她渴望成功，渴望风光，被万人仰视。她23岁就出名，她喜欢那样的生活。那样亮丽洒脱的生活里，不会有因为一张飞机票而造成无法见母亲最后一面的遗憾，不会有赖雅背痛而不能送到医院的尴尬。钱不是万能的，但连起码健康的生活都保证不了，那么她只能说没有钱是万万不能的了。

1960年7月，张爱玲在赖雅和他的好友培根的见证下，正式取得了美国公民的身份。这年，她满40岁，一个成熟的女人，举手投足之间都是一道绚丽的风景。而这一年炎樱结婚了，嫁的不错，年初来信说要去日本，经过旧金山会来探望她。张爱玲盼望了好久，结果炎樱爽约了。直到1961年3月，她们才见了，而那一次又是她们之间最后一次卷席长谈。

她们见面的情景，从张爱玲早已完成却迁延不肯发表的遗作《同学少年都不贱》中大约可以看出一点端倪。恩娟是炎樱的投影，赵珏是张爱玲的化身，书中写道，她们从小到大是密友，然而如今贫富悬殊，恩娟对赵珏的说话总有一种敷衍的态度，似乎不信任。张爱玲在小说里愤愤地发出“人穷了就随便说句话都要找铺保”的感叹，一针见血，犀利地写出了俗世中最丑陋的一面。

人生就是被一串的偶然和必然组成着，偶然的一次见面，成了终身的好友，而必然的距离，又叫人轻轻转身，往自己的方向奔赴，没有停留，没有徘徊。人都是自私而真实的动物，每个人都有自己的人生，都有自己的生活。朋友、亲人，都是生活的点缀，最终都会失去。

在张爱玲的一生中，她的失去似乎比别人来得都多。从小带着显赫的贵族头衔，却从来没有感觉过家庭的温暖。长大了，真心地爱上了一个人，结果最后在不堪中结束，被冠上汉奸的帽子和被说“心毒手辣”。到了美国，本来想找个依靠的肩膀，结果成了拐杖，失去了自己呼吸的权力。她一生奔波忙碌，为着自己，也为着别人，冷血在这里成了生存的一种武器，谁都不能说错了，只能说在这个凡尘俗世中，无奈是我们的悲哀。

张爱玲把小说寄给了夏志清，但又嘱托他不要着急发表，这一搁便成了遗作。张爱玲的小说太多是依据真实生活而升华的，她自己的，朋友的，家人的，亲戚的，看到的，听到的，她都收集到里面，并且在《自己的文章》里声明要表现真实的人生。然而许多人都认为，张爱玲是浪漫的，理想主义的代表人物之一。她写着最凄厉的情感，最丑陋的人性，却又在点滴间，不经意写着人间的温暖。像夕阳中，一个为生活忙碌而一身单薄的男子，骑着单车，带着母亲，行驶在幽静的街巷间，轻轻的，暖暖的，带着叫人会心想笑的清雅。

张爱玲的小说和她的人一样充满着矛盾和绮丽，是凡尘俗世中飘渺的烟雾，一丝一缕，带着雨意的轻灵。风吹过，带起她的衣襟，阳光照射，轻轻漫步，折射七彩的光环，醉人而耐人寻味。

而这次与炎樱的见面显然给了张爱玲很大的刺激，使她终于下定了回香港的决心，她要回去找自己丢失的威风，重振山河。

张爱玲的这一决定使赖雅大为吃惊和不安。赖雅老矣，他每天看见一个别致而又有才华的中国女人在身边忙碌着，便逐渐成为他最大的安慰。这种稳定的生活他已经习惯了，多少年的漂泊生活他也疲倦了，他希望在他的有生之年，只是看着他心上的人儿，看着他崇敬了一生的文学书卷，余生足矣。

在这种沮丧的情绪里，赖雅大病一场，整个身体都刺痛不已，辗转难眠。他还在日记中写道："死亡一样的重击，心脏被重创，身体在发抖，闭上眼，有如长眠，不再醒来。"

张爱玲十分内疚和为难，彻夜守护和照料着赖雅。赖雅虽然难过，但不想拖累张爱玲，亦不想她失去自己的梦想，于是写信给女儿霏丝。几天后，霏丝回信，说赖雅可以住到华盛顿她家附近，这总算安了张爱玲的心，她可以大胆地去做自己的事情了。

生活窘迫

有人说，祖国就是一个人的家，不管你曾经对它多么失望，不管你在外飘荡多少年，甚至无知地入驻了别的国籍，但家终究是家，它从不曾将你抛弃，将你拒之门外。

10月，张爱玲离开旧金山，飞往台湾。终于回到了她阔别六年的祖国怀抱里， 那是张爱玲第一次去台湾，触目的都是黄皮肤，黑头发的同宗，真是恍然如梦。

张爱玲此次来是她从前在香港美新处做翻译时的老上司——美国新闻处处长麦卡锡的安排。他将张爱玲接至自己在台北阳明山公园附近的大别墅中，香车豪宅，仆从如云，张爱玲再一次被贫富悬殊这个敏感的东西刺激到了。夜色中，凭窗远眺，月明如水，原来有钱人的生活这般惬意。当他们对酒高歌的时候，绝对看不到黑暗小巷里，有人为一块馒头而大打出手。而如今自己身在富贵场所，就要抓紧一切机会，找到永久留下的那个位子。

每个人生来骨子里就带有欲望，渴望成功，渴望名利，渴望被万人仰望和重视，这并没有错，只要你追求的方式合情合法就好。但是，这个世界亦有它可笑的地方，就是你得来的东西不合情合法，但你已经站在了高高的顶端，盲目的人还是会仰视你，甚至卑躬屈膝。然而当法理难容，你从高处滑落，那曾经给你提鞋的人，已经狠狠一脚踏在你的背脊上，发泄了以往被你压抑的苦楚。可悲吗？不是！可笑吗？亦不是！其实人生就是一个疯狂的舞台，什么疯狂离奇的事都会发生，只要你能站稳脚跟，在心里隐藏一朵圣洁的花，那么你绝不会是这个先卑躬屈膝后扬眉吐气的人，不会是这个在高处恣意挥霍，跌倒后被人唾弃的人。

次日正午，麦卡锡又在国际戏院对面的大东圆酒楼设宴，为张爱玲接风，陪客有白先勇、王文兴、欧阳子、陈若曦、王祯和等，都是文坛上声名鹊起的名人，他们都很喜欢张爱玲。

在台湾短短的几日，张爱玲游览得比较开心。然而命运就是那么一个爱戏弄人的小孩子，你开心的时候，他会制造点小麻烦，叫你忘却了微笑。你越害怕的时候，他就越会戏弄你，偏偏叫你遇到怕的事情。张爱玲刚离开台北，便听到了对她来说万分为难的消息，赖雅又一次中风了。

像一阵冰冷的风吹过心头，张爱玲几乎没有被人发现地叹了口气。生活的窘困从美国坐飞机一直追到了台湾，就像当头一棒，明确提醒着张爱玲，就算她在华人界里受到热烈欢迎，也摆脱不了美国的潦倒和落魄。她就是灰姑娘，十二点钟一响，便被打回原形。

赖雅病重了。张爱玲明白，这是赖雅在呼唤她，在这么多年朝夕相处中，他已经习惯依赖她了，她就是他的拐杖，拐杖没了，他又如何能站立，虽然他才是该保护女人，该顶天立地的男人。

张爱玲与麦卡锡通完电话，就连夜赶回台北。一路的奔波已使张爱玲本来就疲倦的身体更是雪上加霜，再加上心中的担忧，张爱玲在一夜之间便老去了几岁。

到了台北，听到麦卡锡的介绍，张爱玲才搞清楚了赖雅的病情。原来他在去华盛顿的途中便病倒了，还是他的女儿霏丝赶去，将他接到了华盛顿附近的医院里治疗。霏丝将这一消息很快就通知给了麦卡锡。

张爱玲听了神情黯然。摆在她面前的只有两条路，一条是回去，安心地照顾赖雅，做回潦落的自己，还有一条，就是留下，抓住机会，寻找成功，待有了资本再回去，那起码能担负起医药费。思索着看看口袋里的钱，连角票都算上，还只够买到加州的飞机票。那么以后呢，漫长的康复治疗期怎么办呢？她回去了，能够改变什么吗？何况她这次回来不是白跑了？张爱玲沉默了良久，还是对麦卡锡说，她暂时不能回去，她要到香港去，她必须在那里找到更多的剧本来写，以赚来较多的稿酬应付他们的需要。

麦卡锡看着张爱玲哀苦却坚定的眼神，沉默地点点头。在那一刻没有人能说张爱玲冷酷，只能说她是用理智驾驭生活的人。在这个繁华尘世里，有人用理智左右人生，有人用欲望戏弄命运，有人用情感掌握因果，然而凡尘变化，我们不能事事如愿，但起码能做到无愧于心。

张爱玲去了香港，在那里她呆了5个月，就像杏花开在枝头，虽似美好却依旧得不到上天的垂怜。雨意点点，凄风索索，那是失望和心力交瘁的5个月。这5个月里，她租了一间再小不过的公寓房。靠好朋友宋淇帮忙，张爱玲接到了撰写一部电影剧本的活计——《红楼梦》。那是张爱玲钟爱的小说，如今要用来赚钱，她只能给予一丝苦笑。

这个剧本只有写完才能拿到稿酬，为此张爱玲日夜兼程，想尽快赶出来，并把自己的生活压缩得十分拮据，就连买一双较大的拖鞋也要等到圣诞节降价的时候才能买。

苦涩的酸水像漾满缸的水，控制不住地往外宣泄。张爱玲无助地走到窗边，她好累好累，她真想就这样停止下来，天塌也好，地陷也好，她什么都不管了，就这样安静地待着。抬起头，透过黑蒙蒙的夜空，张爱玲好像看到了大西洋彼岸与她同样才华横溢却命运不济的大剧作家，他年老体衰，正等着她回去照顾。

可谁又能照顾她呢？她在香港，为了明天的生活来源愁断心肠。由于连夜改写剧本，张爱玲的眼睛也开始流血，她透过不断渗出血水的眼睛看着香港夜空中的星星和月亮，血水融进了夜空，染红了星星，染红了月亮，点点血色，丝丝凄苦，张爱玲的灵魂孤独地飘荡在其中，起起落落，无依无靠。

2月初，《红楼梦》上下集剧本终于完成，她忙不歇地将剧本交给宋淇，然而宋淇却说他自己也做不了主，因为对《红楼梦》太熟悉了，评论时难免主观，要给老板们看过才能定下来。这样一来，张爱玲必须要再等些日子，宋淇为了不让她白等，建议她写下一个剧本，可以多得八百美元，相当于他们在旧金山四个月的生活费，张爱玲只能答应了。

而此时，值得庆幸的是，赖雅的病情逐步稳定下来，他的来信对张爱玲是一个安慰。他得知张爱玲在香港的寻求也不尽如人意，便频频写信催促她回来。张爱玲说了其中必须要多留几日的原因，希望他能理解，但赖雅不但不理解，还来信指责张爱玲。张爱玲苦恼极了，她感觉自己就像一只狗一样，工作了几个月，却没拿到一分钱，而宋淇因为一个明星的诉讼案忙得找不到人，根本无暇顾及到张爱玲的困苦。

农历年到了，宋淇的官司案子跑完了，但是《红楼梦》还是没有敲定。他跟张爱玲说人家有了换刀之意，张爱玲更是焦虑而难堪。她已经到了山穷水尽的时候了，她不得不向宋淇借钱，而这无疑对双方都是一种屈辱和尴尬的折磨。在宋淇看来，这个举动多少代表张爱玲因他们迟迟不付稿费而产生的抱怨和施压，对张爱玲来说，开口岂是那般容易的。她对世情的观察和了解是相当深刻的，而且为人有如红梅般高傲清洁。她很少低头，出名之后，更没为钱向朋友低过头，然而，如今她开口了，宛如吞下一把刀子，屈辱和酸涩穿透了她的胸膛。

望着夜空中的那轮残月，她不能不满心苍凉。这个世界上哪一个才是真正属于自己的呢？风烛残年的丈夫，摇摇欲坠的婚姻，租来的公寓，借来的工作，赊来的生活费。她是孤独的，早在她出生前，上苍就已经注定，她将被这个时代，这个世界所抛弃，她在给赖雅的信中凄然地说道：

> 跟宋家借钱是件极痛苦的决定，而且破坏了我们之间的一切，我无法弥补这种艰困的关系。宋家冷冷的态度令人生气，尤其他认为我的剧本因为赶时间写得很粗糙，欺骗了他们，宋淇告诉我，离开前会付给新剧本的费用，言下之意是不付前两部，即《红楼梦》上下集，当我提议回美国再继续修改时，他们毫无反应。

张爱玲精疲力竭，满心失望，终于在1962年3月16日乘飞机回美国。此后三十多年，她再也没有踏上过中国的土地。对于张爱玲来说，这里收藏了她人生最美好的时刻，却也同样抛弃了最悲伤失落的自己。

得意之时，光阴总是霍然而过，仿佛还没有好好享受，美好已经如指尖的流水，消逝无痕。而失意之时，流年成了滴水穿石的敲打，一滴一滴，缓慢而漫长，好像永远没有尽头，没有终止的一天。春去秋来，时光流逝，岁月中青春的脸庞早已年华流尽，满是沧桑，那些掰着手指细数日子的时光终成一种浪费和奢侈，原来老的不是岁月，而是我们。

魂儿飞荡

很早以前便喜欢一句话，“你若安好，便是晴天。”多美！像迎春花漾洒的璀璨，像夏日骄阳的万丈光缕，像秋风中的红果黄叶，像冬季里的白雪无邪，暖暖的，安静的，一种意境中可以真正依靠的希望。

而张爱玲的回归，对赖雅来说是希望，也是幸福。两人相见，张爱玲在拥抱赖雅微微颤抖的身子时，有一种劫后余生的感觉。她告诉自己，她不会再离开他了，这是她最亲近的人了。就算整个世界的人都会将自己抛弃，但赖雅不会，在他期待而珍视的目光中，张爱玲知道，他是爱她的，他是需要她的。

生活贫困并不能使两个相爱的人分离。赖雅拥抱着爱玲，一遍又一遍地喃喃自语着：“真好，爱玲在这里。真好，爱玲在这里。”

张爱玲很快就安顿下来，她在国会图书馆也找到了自己读书的位置，就在赖雅的位置旁边，她要定下心来，查找写作《少帅》所需要的资料，这里的资料是最全的。

到了晚上，张爱玲还和赖雅一起去了他的女儿霏丝家里。给他们带去了她从香港带回来的小礼物，一家人看上去是那么的其乐融融。张爱玲虽然很少说话，但端坐在沙发上，飘逸雅致，嘴角边淡淡的微笑像春季里最美的花朵，难怪连赖雅都忍不住对她说：“爱玲，你把春天带回来了，你就是春天。”

张爱玲笑意更深了，她所要的生活仅是这般简单，有个家，有个相伴的人，有碗粥和温暖的火炉。张爱玲尊重赖雅，而赖雅是再也离不开张爱玲的了。他一时没有见到她，心脏就会被一种大祸临头的紧张抓住。

有一天，张爱玲出去购物回来晚了，赖雅便到处打电话寻找她，甚至将电话打到警察局去，幸亏张爱玲及时回来，才撤销了寻找。他就像一个长不大的孩子，张爱玲没有办法，只能细心地照顾着他，然而不管有多细心，赖雅的身体还是越来越弱了。到了12月的时候，就算步行去国会图书馆看书，都走得很吃力了，膝盖几次扭伤，使他再也不能像往常那样去杂货铺购物了。

以前，这是赖雅的主要家务，张爱玲除了去大公司购物，小的家务用具，都是赖雅到杂货铺去买。如今张爱玲只能承担这一任务，但张爱玲第一次去了好长时间。这使赖雅很担心，他望着窗外，用他剧作家的想象力，想象着可能发生的一切事情。最终在一切都没有发生的时候，张爱玲无恙地回来了。她是因为给赖雅买御寒的毛毯，找好多地方才耽误的。这让赖雅感动极了。在张爱玲的照顾下，盖着张爱玲在雪天里给他买回的毛毯，感觉春天真的离他不远，伸出手好像都可以清晰地触摸到。有张爱玲在身边，就像是春天也在心间一样地让赖雅感到了温暖。

春天在两位穷困作家的盼望下终于平静地度过了，到了夏天，赖雅的身体有了一些起色，能够出去走走了。1962年7月

26日这一天，是赖雅71岁的生日，平时的生日都是赖雅替张爱玲想着，经过了香港之行的别离，张爱玲便细心注意着，要让赖雅过个愉快的生日。早晨起来的第一件事情，就是对赖雅亲切地说一句："生日快乐。"赖雅的眼眶湿润了，像个情窦初开的青年，满心激动，他们决定到离华盛顿不远的一座小城巴尔的摩去吃海鲜，那里的龙虾和帝国蟹是很出名的。

他们坐了一个小时的巴士，穿过了到处都是绿茵的郊外，来到了著名的港口城市巴尔的摩。这座小城虽然不大，但海鲜很便宜，于是也有许多大城市的游客专门到这里来吃海鲜。赖雅和张爱玲来到了市中心的海鲜饭店，挑了帝国蟹和软蟹两种作为午餐。在餐厅里，他们还意外碰到了赖雅的老朋友克兰。克兰便驾车带两个人到全城观光。这一天对赖雅来说，过得十分愉快。

在这样的日子里，张爱玲仍旧保持着使自己看上去别致的爱美之心。有时参加赖雅女儿举办的聚会，她也要将自己打扮得出众一些。她把母亲的大围巾改成了斗篷似的外衣，看上去就像50年代好莱坞影星的气派，使参加聚会的客人很为赞叹。赖雅为此也很得意，他的妻子在什么时候，什么场合下都是很有东方女人的魅力的。

魅力是一个很奇怪的东西，不单单是外表的出众，更是一种内在的修为，张爱玲从小长在官宦之家，本身就有别人效仿也效仿不了的贵气，加上后天披挂的墨香，使她周身上下都带有迷离的清香，像一株妖娆的曼陀罗，美好，高洁，典雅却孤傲。

命运仍旧没有放过这一对作家。有一天，赖雅从国会图书馆回来时摔了一跤，便卧倒在床。与此同时，他又一次中风，这一次，他是彻底倒下了。在医院做完了治疗，还是回到家里，由妻子张爱玲照顾。

张爱玲为了照顾赖雅，便在赖雅的房间里放了一张行军床，好随时起身照顾已经完全卧在床上的赖雅。这样，张爱玲一方面要做繁重的翻译工作，以养家，给赖雅治病；一方面又要担负一个护士的责任，照顾赖雅的起居生活。案头的工作再忙，张爱玲都能应付，但照顾赖雅却是她没有料到，也是她不堪承受的。她毕竟是个女人，并生来就是生活能力很差的官宦子女，她的每一个动作都很笨拙。

赖雅望着一天比一天憔悴的妻子，他越是深爱她，就越是要填筑麻烦，让这个已经不堪重任的女人更加艰辛，他心底酸痛无比，却全无法子，只有默不作声地承受着。

赖雅瘫痪了两年。两年来，张爱玲都是一边翻译，一边照顾赖雅。她也曾想挣扎过，她因到迈阿密大学做驻校作家，尝试将赖雅送到女儿霏丝那里暂住一段时间。霏丝有小孩需要照顾，所以毫不客气地拒绝了张爱玲的请求："我也要上班，还有孩子要照顾，你不能这样把他留给我走人，你在当初和他结婚的时候就应该晓得他的健康情况。"她在暗示张爱玲嫁给赖雅是另有企图的，张爱玲没有说什么，她早就晓得，亲情淡薄的时候还不如路人。她有孩子要照顾，殊不知她自己小的时候也是父母照顾大的。换位思考，她若有一天身处赖雅的境界会有何感触？张爱玲沉默地回去了，这次她用行动回击了霏丝。

她带着瘫痪的赖雅离开了华盛顿，去了迈阿密大学。霏丝再来的时候，只看到几个纸箱和张爱玲的一张字条："我带不走所有的东西，这几箱垃圾麻烦你帮忙处理下——最后一件事！"

霏丝打开箱子，里面竟然是赖雅的手稿和日记，张爱玲明确地告诉了霏丝，她对赖雅毫无企图，她已经把霏丝自以为"企图"的东西留给她了，而带走了瘫痪的赖雅。

张爱玲在学校里除了翻译《海上花列传》外，就是尽她的最大努力照顾赖雅。翻译《海上花列传》是得到了洛克菲勒基金会资助的。她对赖雅的照顾也慢慢熟练，以至到了后来的无微不至。

当午后的阳光细细洒进窗子，她会煮来一杯咖啡，拿份报纸，给赖雅念上一段。赖雅开玩笑地说念的都是垃圾。张爱玲也回敬说，他们就是垃圾的制造者。这对男女互相注视着，阳光洒在他们的面上，暖暖的，痒痒的，他们都会不自禁地微笑。

赖雅是个积极而充满热情的男子，他的天性是不允许他就这样困苦地消极等死的。虽然他的身体是瘫痪了，但他的精神还在坚持着，他知道，他不能在实际中帮助一下张爱玲，也应该从精神上给予她一些安慰。他让张爱玲给他找来猎枪，就在床上架起来，做出打猎的架势，如果这时有外人来的话，便会误认为他们实际上过得很开心。事实上，他们都不开心，张爱玲因为责任和心底快要磨尽的爱来照顾着赖雅，而赖雅因为愧疚和酸涩极力伪装着开心，想叫张爱玲安心，她们从坦诚相对的恋人，逐步变成了开始戴着面具生活的伴侣。

看到这里每个人都会感觉到酸涩，但同时亦会为他们之间的情感所感动，人们都说久病床前无孝子，何况是半路夫妻。张爱玲没有离开对赖雅来说是最大的安慰和感激。他真的不懂，那个曾经同样深爱过这个女人的男子，怎能评说出她“心毒手辣”的话来？他将自己的无情与无耻尽数伪装，变成了攻击弱小女子的钢刀，简直让人气愤。如果他现在在眼前，赖雅真的想挥去两拳，告诉他，他真的不值得这个美好的女子来爱。

那么自己呢？看着瘫痪的身子，赖雅的眼眶湿润了，其实他也不值得张爱玲来爱的，她本可以有个更富裕，更轻松的人生来选择，但她没有，她留下了，对赖雅来说是永世都不能报答的情感，亦是心底最尖锐的愧疚，他最终的爱只化成了拖累人的筹码，他羞愧，却仍旧不忍放手。人都是自私的动物，谁都不能说谁错了，只能归咎于命苦而已！

在朋友的帮助下，张爱玲在接到位于麻省康桥的赖德克利夫大学的邀请后，便和赖雅于1967年的4月悄悄地离开了迈阿密大学。

张爱玲和赖雅来到康桥时，赖雅的身体已经虚弱到极点。张爱玲此时也有朋友时常来信，但她从未向他们提过她的困境。自从香港的事情发生后，张爱玲就算再苦也不想寻求谁的施舍，她要保全自己的尊严。

有一次，赖雅在彼得堡的表亲来看望赖雅，当年赖雅与张爱玲在彼得堡结婚时，赖雅还曾经要表嫂支援他们一点儿旧的家具。但此时当赖雅看见表亲时，竟将头扭转向墙壁，他向表亲挥了挥手，要他回去。当时表亲是不理解，但张爱玲立刻明白赖雅是什么意思了，他不愿让别人看到他的病情，为了他的境遇而难过。

在动物中，大象就有着这样自尊的想法，当它知道自己病了，命不久矣的时候，便会悄悄地找一个地方，安静地睡过去。而赖雅也想做头大象，他已经够拖累张爱玲了，那么就让他一生只对不起这一个人，别叫其他人来揪心了吧。他把他的愿望告诉了张爱玲，张爱玲懂得了他，其实，做头大象也是张爱玲自己的心愿。从此，张爱玲再也没有让任何人到家中来看望赖雅。他们只是安静地走着自己最后的路程。二十多年后，张爱玲离开人间的时候，也是选择了这样一个悄悄离去的方式，直到最后，也没有放弃自己的尊严。

到康桥半年后，赖雅终于消耗完了自己的能量。在张爱玲一个人陪伴下，赖雅走向了他向往已久的天国。他终于解脱了。他悄悄离去，没有举行葬礼，只是由霏丝安葬了他的骨灰。

那一年，赖雅76岁，张爱玲47岁。 张爱玲平静地处理完赖雅的后事。望着本来就很空荡的屋子，此时四处寥落，再也无法寻觅那抹疼爱她的人的呼吸了，静静坐到角落里，张爱玲沉默了好久，当黄昏的阳光斜射进来的时候，张爱玲觉得她也该放弃了。这么多年，她真的累了，在人与人的交往中，她从来没有得到过快乐，只是被伤害得伤痕累累。

早年，她从不和睦的家庭中体悟出的是：人间无爱。成年后，她在社会里，爱情里，婚姻里，曾经有过的甜蜜不过是过眼云烟，今生今世，她已了无牵挂，她想放弃对人间的期盼。

张爱玲情感生活中的最后一炉香已经快燃尽了，就像周芷若那番挣扎后，最终得到心灰意冷的安宁。爱情是个沉重的花蕾，看似弥漫清香，结果骨子里尽是苍凉，却偏生有人拼了命地要去追寻那股幽香。张爱玲用她自己的爱情手势，写出了一篇不能被复制的纯粹爱情故事。这个故事告诉那些活在普通世俗社会中的人：爱情是圣洁的，高于一切。

红白玫瑰

有人说人生如茶，清淡而深远；有人说人生如戏，变化而莫测；有人亦说人生如梦，走进时你阻止不了，梦醒时又早成定局，更改不了。这个繁华世界里有太多太多的偶然和必然，就像张爱玲，她自小被视为天才，必然要成名，而她性情如此，必然要比别人容易品尝到人生的艰辛和苦涩，一串串的偶然，成了必然的结局。

张爱玲出生在上海，后移居美国，只在台湾逗留为数不多的日子，却真切地印证了一句古话“无心插柳柳成荫”。台湾的青年几乎人手一本张爱玲的书，读得如醉如痴。而张爱玲的作品回到大陆是80年代后的事情，并且不是全部，主流文学还是带着一丝本能的拒绝，对其讳莫如深。香港许子东先生曾说：“一般当代作家评论有‘鲁迅精神’，‘老舍语言’，或‘沈从文风格’，大都会感到光荣和自豪，何以被认为是张派作家，却不是‘划清界限’，就是‘叛逃前身’，甚至有意无意都对张爱玲的影响感到焦虑？是否因为作家们不愿被太有魅力的前人身影湮没？或许人们对张爱玲的文学史地位仍有困惑？”

看着这段文，忽然想起《皇帝新装》的童话故事，人云亦云，只有孩童才敢真实地说出心里话来，因为他尚不明白大家逃避的理由！在这个世界上，大家习惯戴着面具来生活，似乎丢弃了面具就丢掉了赖以为生的武器，是这个世界恐怖得得不到大家的信任？还是人性中隐藏的东西叫人闪避唯恐不及？人类的悲哀是否因此而变得根深蒂固？

张爱玲大红大紫究本溯源还有两个原因，一个是1961年夏志清《中国现代小说史》的出版，一个是台湾皇冠出版社对张爱玲作品的系统推荐。

夏志清，1921年生于上海浦东，上海沪江大学英文系毕业。在胡适的鼎力推荐下，得到助学金，1948年赴美深造，1952年获耶鲁大学英文系博士学位。在此期间认识了第一任妻子，生了一个女儿，可后来离婚了，第二任妻子是台大毕业来美的王洞，亦生有一女，结果先天痴呆，生活完全不能自理，成为父母心里永远的痛和牵扯。

夏志清1961年完成了《中国现代小说史》，第一次让美国人知道了鲁迅、老舍、沈从文、茅盾、张爱玲，并在书中给予了张爱玲很高的评价："张爱玲应该是今日中国最优秀最重要的作家，仅以小说而论，堪与英美女文豪曼殊菲尔、安泡特、韦尔蒂、麦克勒斯等相比，某些地方恐怕还要高明一筹。《金锁记》则是中国自古以来最伟大的中篇小说。"

在夏志清眼中，张爱玲是举世难见的才女，在文学造诣上要比鲁迅还高一点，他曾请张爱玲吃饭，但张爱玲都不来。夏志清亦了解张爱玲性情中的孤僻，不加在意。其实张爱玲和夏志清并无过多交往。《中国现代小说史》出版之前，他们只在上海有过一面之缘，而君子之交只要交心，文就是心，看过张爱玲作品的人无不为之痴迷，夏志清亦是如此，他羡慕张爱玲的才情，更尊重她的性情，直到1943年3月，在华盛顿，由“美国之音”中文部编辑高克毅做东，请陈世骧、吴鲁芹、夏氏兄弟和张爱玲在一家馆子相会，才有了后来正式建立起来的书信交往。

夏志清理解张爱玲，并对她的遭遇给予了真挚的同情，提起她的两任丈夫，夏志清愤恨不已，认为：“这个赖雅，因为穷得淌淌滴，一定要张爱玲流产，孩子对于女人就像生命一样重要，张爱玲流产后真的是萎谢了，如果她有个一儿半女，在以后寡居的几十年中会给她带来多大的欣慰快乐。我想，这可能是她在最后的《对照记》中既没有胡兰成，也没有赖雅的照片文字的原因，这两个男人都不值得她爱恋，思念。”

张爱玲写过《红玫瑰与白玫瑰》，她说男人的生命中都会遭遇这两种不同色彩的玫瑰花，那么女人呢？对于张爱玲来说，她辛辛苦苦付出一切来守护的爱情究竟是玫瑰的艳丽，还是玫瑰艳丽背后的凄凉呢？

所有人都说不值得，但是张爱玲一直坚守着，直到胡兰成爱上了别的女人，直到赖雅去世，她坚守的同时是对爱情的歌颂，还是对它的亵渎？有人说张爱玲傻得可以，但如果上苍安排你能与这样傻的女子携手一生，你会不会觉得自己万分幸运呢？所有人都说他们不值得，是因为看着张爱玲那么付出，却没有得到美好的结果而产生的抱怨，但张爱玲本人都没有怨过，恨过，听闻者又能说些什么呢？还不如多给予一些空间，让她安静地走好自己要走的路！

此时此刻，爱情没有了，两个男人都离开了，张爱玲的经济状况与作品出版都有了很好的改善。其中最大的功臣就是台湾“皇冠”出版社老板平鑫涛，他不仅是“爱情教母”琼瑶的丈夫，还是当年中央书局老板平襟亚的侄子。20年前的上海，张爱玲第一本书《传奇》没有在中央书局出版，与平襟亚结下梁子，并惹下了“一千元灰钿”的官司。如今时光流逝，恩怨尽数削去，张爱玲还是将出版权交给了平鑫涛，一直合作到张爱玲过世为止。张爱玲向来讨厌盗版，曾经在大陆有人搜集了她的旧作擅自出版，叫她十分恼怒，一度想诉诸法律，直到那家出版社愿意回收那两本书才作罢。为了不再发生这样的事情，她选择了“皇冠”出版社，他们的“商业道德”可谓高尚，而合作方式又能顺应张爱玲骨子里的那份安静，深得她心，她后半生最主要的两部作品《海上花列传》白话本与《红楼梦魇》也都在皇冠出版。此外尚有《惘然记》《余韵》《续集》《爱默生选集》以及带有自传性质的散文集《对照记》等，共计16部之多。

张爱玲就是凡尘中的一枚奇葩，带着醉人的香，舞动奇异的舞，知己者心系，无缘者心凉。曾有人笑称张爱玲是“办公室的灵魂”，没有人靠近了，没有人抓得住，她就悠然地飘荡在其中，从不理会别人的看法和想法。

她究竟还是不会做人的。在这个繁复的红尘里，人和人之间的关系相当微妙和单薄，有的时候不经意就会开罪到人，就像寒风扫过秋叶，叶落片片，不是风的过错，却依旧造成了叶的零落，树的愤慨。

尘世有如一场戏，里面有会演戏的人，亦有孤僻到自命清高的人，这两者就如寒风和落叶一样，不能相处到一起。对于会演戏的人，叫他们清高，真是艰难之极。而清高的人，叫他们投机取巧，拉帮结伙，钩心斗角亦是不易的事情。所以在人生的舞台上，只能各凭本事去过好自己的人生，走好自己的路，错了，也回不了头。

1969年，张爱玲接受了她的第三份工作——赴柏克莱加州大学中国研究中心去研究大陆政治术语，这次仍是夏志清的推荐。而张爱玲的清高很容易就开罪了顶头上司陈世骧，他是冲着张爱玲的名气而雇用她的，自然想向朋友们炫耀一番，然而张爱玲却不给他这个机会，大小宴会极少来参加，就算来了亦是沉默寡言，对人爱理不理的，陈世骧很是恼火。

那一年张爱玲已经49岁了，赖雅去世后，她的经济情况大为好转，又有了皇冠的固定版税，她对自己的打扮也变得精心起来，穿着淡紫色的旗袍，漫步在街巷间，像阵雅致的风，她虽入了美国的国籍，但心里还是上海的女儿。

1973年，因为工作的不甚愉快，张爱玲辞去了工作，凭着“皇冠”的版税使她终于有资本回归到自己酷爱的孤单和自由里。每天写写文，看看书，守望着天际一轮幽美的明月，她会微笑，会想着以前所有的时光，会在红白玫瑰中寻找属于自己的慰藉，只有她能明了。

第十章

洁来亦洁去

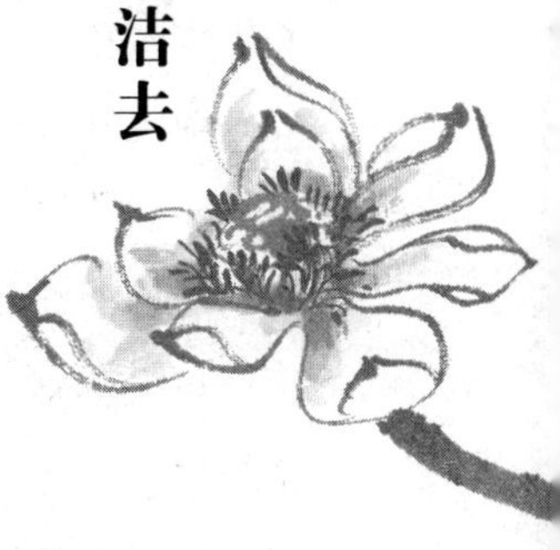

沉思如雨

在繁复红尘中，每一天我们都在追逐，奔波，忙碌；每一天都有着无穷无尽的妄想，贪念，追求；而每一天拖着沉重的脚步走回家里，看着那盏温馨的灯，苦闷的心霍然被阳光攻破了一角，我们终于明白，人生亦如酒，初次品尝充满辛涩，然后滑过喉咙，留股淡淡的醉香，叫人迷恋，叫人安静。不管凡尘如何繁复，只要我们心底栽起篱笆，种满清雅的菊花，当清晨的雾气静静扫过，我们依旧有着“笑看风云”的雅致，那么人生的路平坦必然多过曲折，甜蜜必然大于苦楚，安宁必然屈驾于烦躁。

轻轻煮来一盏咖啡，静静拿起翻过多次而泛黄的书卷。闻着那淡淡的墨香，听着雨扫过林叶的轻灵，张爱玲的心柔软如海。从以前的孤寂，忧郁，厌世弃俗，到如今安然地面对每一天。风大也好，花香也罢，一切都与她没了关联。张爱玲就这样将自己安置到与世隔绝的地方，过起自己想过的生活，这一过就是二十多年。

她于1973年搬到洛杉矶，此后数次搬迁，却始终没有离开过这个城市。她第一个住处在好莱坞东区的Kingsley公寓，这是个长条形建筑，老式的单身公寓楼，离好莱坞地标中国戏院很近，属于闹市区，跟当年上海的静安寺路爱丁顿公寓有异曲同工之妙。

张爱玲很喜欢，在这里一住就是十年。在这期间，完成了《海上花列传》的国语本与英译本，红学著作《红楼梦魇》，出版了散文小说集《张看》，小说剧本集《惘然记》以及《续集》中的部分文章。

在“张爱玲遗作手稿展”中可以看到，《惘然记》最初曾拟名《乱世纪二三事》的。这“乱世纪”指的是中国四五十年代的战乱时期，收入书中的故事多是旧作，而在序中张爱玲写道：

> 这三个小故事都曾经使我震动，因而甘心一遍遍改写这么多年，甚至于想起来只想最初获得材料的惊喜，与改写的历程，一点都不觉得这其间三十年的时间过去了，爱就是不问值得不值得，这也就是‘此情可待成追忆，只是当时已惘然’了，因此结集时提名《惘然记》。

这个“惘然”张爱玲究竟是在暗示着谁？凡尘中，风云变化，世事无情，张爱玲对自己的情感世界一直缄默如深，甚至讨厌别人猜测和联想。曾经一本《色·戒》，不知道引来多少人的好奇与推测。有人考据是根据大汉奸丁默邨的真实故事改编，并且认定这个素材是胡兰成说给张爱玲听的，张爱玲在书中有“美化汉奸”的倾向。也有人说故事的原型是与张爱玲齐名的女作家关露，她不就是打入敌人内部的女间谍吗？直到后来，宋淇说这个故事是他给张爱玲的，因为这件事情就是他们北大学生干的。

真也好，假也罢，凡尘俗世已经混乱复杂，又何必非要究竟根底呢？树有根，水有源，但人的思想就是宇宙中飘渺的雾气，看得见，闻得到，可伸手一抓，只有丝丝的凉意与清雅。而看一本书，看一部电影，要用学问来研究一下，那就是一种成功了。

张爱玲明白，她向来喜欢孤单，正如她所说，在没有人与人交际的场合，她充满了生命的欢悦。她将自己困在“文字狱”里，安静地写《续集》，写《小团圆》。

相片这东西不过是生命的碎壳。纷纷的岁月已过去，瓜子仁一粒粒咽下去，滋味各人自己知道，留给大家看的唯有那满地狼藉的黑白瓜子壳。

张爱玲在《流言》的扉页放进了一张自己最喜欢的照片：一袭古式齐膝的夹袄，超低的宽身大袖，水红的绸子，用特别宽的黑缎镶边，右襟下有一朵舒展的云头，长袍短袖，罩在旗袍外面。

五十年后，那张照片随同书页一起泛黄，光阴是不能用日晷测量的。从曾经的年少无知，到面老珠黄，时光如流水，带走的不光是容颜，更有太多珍贵的东西。当雪打过枝头，当凉意洒满心境，我们有的仅是沉甸甸的记忆，那是人类的悲哀，亦是一个平凡女子的无奈与反讽。在寂静的公寓里，她微笑地看着一切，直到天黑了，她的眼泪却不知不觉地滴到稿子上。

人类跟其他物种最大的区别就是有爱有恨。而在繁复的尘世中，又非常悲哀地无法爱，也无法恨。爱与恨在时光的流转里，慢慢褪掉丑陋的壳，变得更加刻骨铭心了，深藏在随时会刺到你神经的角落，不管你想不想，都会灼伤到你，而记忆如同螺旋状的楼梯，迂回往复，没有人知道自己会在哪一个方向中迷失，没有人知道自己会在哪一级阶梯上永远地停下。

张爱玲怀念过去，就是因为美好才深深珍藏。张爱玲热爱生命，就是因为太过热爱而无法容忍它的黑暗和猥亵，最后宁可封锁自己的生活，以来保存好自己生命的美好。

每天她都穿着美丽的衣裳，用着最好的化妆品；每天都会消毒，她的世界干净简洁，一尘不染，当黄昏的光环洒进房间里，张爱玲在咖啡的韵香中，缓缓裹起毯子，望着天际那份红艳，陷入一阵安静地沉思里。

她会想儿时和弟弟子静一起荡秋千的情景；她会想父亲纠正她书写姿势时那双亲和的眼睛；她会想母亲墨绿色的幽香，胡兰成温情的凝视，还有赖雅煮来的浓香的咖啡，她在沉思里感悟着生命的美好，她在美好中忘却人性的悲凉。

1979年，张爱玲终于跟姑姑张茂渊取得了联系，并知道她在这一年跟曾经在香港当过张爱玲法定监护人的李开第先生结婚了，他们当时都已经78岁，真的印了那句话“惺惺相惜，相濡以沫”。

而张爱玲依旧孤身一人，并且身体不是很好，眼睛、皮肤都有毛病，还跌破肩骨，每天都要做体操锻炼。与张茂渊的通信中，张爱玲充满了感情，并一再希望自己可以做些什么帮助到姑姑。后来，张爱玲想到了法子，就是将自己作品在大陆的出版权交给了姑父李开第。

金宏达在《张爱玲：非关“炒作”》一文中写道：

当年犹豫再三，唯恐赔本的出版方同意签约出版《张爱玲文集》后，经其姑父李开第先生要求，张爱玲给予授权，只是在以每千字25元的微薄稿费，济助家属。嗣后不久，内地盗版盛行，台湾皇冠提出交涉，此项授权终止。内地无数版本的张氏作品，无论有无合法授权，一分钱收益也与张爱玲无关！

张爱玲说自己就是俗人，一身的俗骨，爱钱，爱享受。可回首看看她留下的痕迹，好像只能看到，她对钱的态度似乎只是够用就好，并不真正放在心上。而众多人说她冷酷无情更是无从查证，难道她的冷酷就表现在自己已经山穷水尽，却把钱给了胡兰成？她的无情就是陪伴一个瘫痪的赖雅，受尽生活巨斧的摧残？若真如此，那么敢问天底下又有多少这样“无情”的人？

每一个真正走进张爱玲心里的人，她都倍加爱护，珍惜，当年就是怕连累姑姑，而断绝了跟她的一切联系。张爱玲是孤独的，宛若雪地里飘扬的梅花，带着火红的热情，在不易察觉的地方散发韵香，每一朵都是洁净的雅致，每一朵都是醉人的深沉。

孤岛生活

我有一间小木屋，仿佛是童话里一朵鲜蘑菇，依附在百年老树上，撑着一把小伞，为我遮挡深冬的寒流仲夏的雨。我在小木屋里追忆、思考，假如人间的善恶爱憎无法分别，我宁愿飘浮在永恒冷寂的天空。（佚名女诗人写给自己的讣告）

孤岛是什么？自己给自己设置的孤单小岛吗？那里可有花开？可有雾浓？可有繁星点点？自从赖雅死后，张爱玲就把自己封锁起来，早已预知了她最后的生活，犹如孤岛，死了也没人知道。

而唯一可以庆幸的是，张爱玲是个为品尝寂静，享受寂寞而生的女人。她在孤单中，充分感受着这个世界给予她的快乐与满足。那里有花开，有雾浓，有繁星点点；那里她用笔舞起漫天墨香，叫世俗中人，如醉如痴；那里她成了唯一的主宰者，叫人生容易，叫人死亦容易，悲欢离合，生离死别，仅在弹指之间。

1983年的一天，林式同受朋友庄信正之托前去给张爱玲送信。而那一次“见面”是未闻其声，未见其人。

那时，张爱玲住在Kingsley公寓305室，类似廉价旅馆，在好莱坞东区。林式同找了好久才找到，轻轻按了门铃，里面好像有动静却无人应门，林式同只好再敲门，并且自我介绍："张女士，我是庄先生的朋友，他托我拿东西给您！"

张爱玲终于开了细细一条门缝，说自己没有换好衣服，很抱歉。让他把信放在门口就请回吧。林式同照做了。他一点也不了解住在里面的女人，此前，也从来没听过她的名字，他放下信后便告辞了。

回来的路上，他越来越感到困惑与好奇，什么样的女人可以高傲到近乎不会为人处世？什么样的女人可以寂静到与世隔绝地独自生活。这个世界充满了浮躁，到处都是诱惑和陷阱，她却真能置身世外，安然如此。

张爱玲从门缝里伸出手取走了信，马上就把门关上了。那年，她63岁。1972年，她独自一人从纽约搬到洛杉矶，离群索居，不喜见人，电话响了也不接，除非是预先写信约好的来电。她也很少写信，只是偶尔和密切的朋友、上海的姑姑和弟弟张子静通信。在最后的二十年里，她开口说话真是奇少，除非不得不说，否则都是沉默。而自己的地址和电话，她总是请他们代为保密，生怕别人知道。她下决心，过往的人一概不见。

一年之后，林式同意外地接到张爱玲的邀约，在一家汽车旅馆见面。她头上包着一幅灰色的方巾，身上罩着一件近乎灰色的宽大的灯笼衣，穿着浴室里用的毛拖鞋，落地无声，就这样轻如流水似的飘了过来。林式同忍不住有些紧张起来，并且感觉这位女士不喜欢别人暴露她的身份，于是交谈中便不直接称呼张女士。

那时，张爱玲正遭虫患，总觉得屋里有跳蚤（南美品种，生命力特别顽强，而且小得肉眼都看不见）。所以，她从住了近10年的单身公寓里搬了出来，在各种汽车旅馆里辗转迁徙，躲避跳蚤。为此，她甚至剃掉了头发。出门时只能包着方巾，或戴着假发。她有好几顶假发，或长或短，样式不一。其实不管是风华万丈的时候，还是独居孤岛的时候，张爱玲都是一个爱美的女人，她将自己人生中第一笔稿费，买了一支口红，轻轻染红了她的人生。

在美国，张爱玲几乎“天天搬家”，拖着行李，像个流浪汉。无论出门或在房间里，她都穿着毛拖鞋，脏了就扔。她用一次性餐具，也是在这段频繁搬家的日子里，她养成了丢弃东西的习惯，她的身外之物越来越少。期间，她把移民证件也弄丢了，彻底成了没有身份的异乡流浪人，而且《海上花列传》英译本就丢失了。

幸好，医生开的药治好了她的皮肤过敏，她结束了4年的汽车旅馆流浪生涯，找到一个单身公寓，依然小心翼翼地避着人，能不出门就不出门。即便如此，还是有人找到了她的地址。一位台湾女记者戴文采，悄悄地搬到了隔壁。她守株待兔了一个月，终于在张爱玲出来倒垃圾时见到了。“她真瘦，体重略过八十磅。”

张爱玲穿白衬衫，蓝裙子，皮肤很白，低身去整理几个纸袋子。见有人，起了警觉，又关上了门。戴文采生怕惊动她，躲了回去。见没人，张爱玲才又出来，急步下楼去。戴文采迅速绕一小径，躲在墙后偷偷看她。张爱玲走着像一卷细龙卷风，低着头，仿佛大难将至仓皇赶路，垃圾桶后院落一棵合欢叶开满紫花的树，在她背后私语般纷纷飘坠无数绿与紫。

景色很美，但两个人身份却很尴尬，竟然在光天化日之下演绎起了“警匪片”。只不过张爱玲不是匪徒，她只是想过安静的生活，但戴文采那样势利的女人不会明白，在她眼中能写出张爱玲生活真实的报道就是成功，她看到张爱玲，就如见林黛玉从书里走出来葬花，真实到几乎极不真实。

张爱玲可能感觉到了什么，在林式同的帮助下，立刻搬家了。后来，戴文采的“倒垃圾记”见报了。这让张爱玲相当愤慨，感觉中国人都少了尊重别人隐私的高尚品质，他们认为有价值，就不管会不会给别人造成不良影响便公布于世，这虽不触犯法律，但愧对良心，张爱玲只称其为无耻。这件事发生后，她更犹如惊弓之鸟，对自己的住址“绝对保密”，连她的姑姑都不知道。

1991年起，张爱玲所住的几处处所都是林式同为她安排的，先是在林式同所造八十一单位的公寓楼群住了两年半，后又搬入西木区罗彻斯特公寓，从1991年7月直到去世，这是她生前最后一个也是她在洛城住过最好的一个公寓。林式同曾来此探望过她，看到厨房抽屉里都是塑料餐具，身外之物已经到了简无可简的地步，而最多的还是杀虫剂，她仍然害怕跳蚤。

她在邮箱上用了假名Phong，越南人的姓。她对伊朗房东说，外面传说她发了财，有许多亲戚想找她借钱，躲也躲不开，Phong是她祖母的名字，在中国很普通，不会引起注意。

1992年，林式同接到张爱玲一封重要的信件。她说，为了办大陆版权委托书，请他在书店里买表格就顺便买了张遗嘱，免得有钱剩下就会充公。她请他做遗嘱的执行人。自从

1991年，第二次见面后，他再也没有见过她，他们的联络方式就是写信，偶尔会在电话里闲聊几句。当然，这也是通过信件预先约定好的。有一次，她跟他说，三毛怎么就死了呢。他没有接茬，因为他不知道三毛是谁。他是个建筑师，对文学圈的事几乎不知。

三毛死了！人的生，人的死，都是人类自己所不能把握的事情。佛说因果，那么对于张爱玲来说，前生种下孤单的因，死后结出苍凉的果也是必然的。三毛死了，震动整个华人界。接着，炎樱去世的消息也传来了，张爱玲足足静坐了一个下午，想着炎樱的妙语连珠，想着她们之间的点点滴滴，满心酸涩。

同年6月，姑姑张茂渊也在上海辞世，遗嘱不举行告别仪式，骨灰随便撒掉。张爱玲没有回去奔丧，她是最明白姑姑的人。她亦知道自己死时身边亦不会有人陪伴，甚至不会有人马上知道，但那又能如何呢？张爱玲早就不在乎这些了。

她曾经说过："'死生契阔，与子相悦，执子之手，与子偕老。'我看那是最悲哀的一首诗，生与死与别离，都是大事，不由我们支配的。比起外界的力量，我们人是多么小、多么小！可是我偏要说：'我永远和你在一起；我们一生一世都别离开。'"

她想跟谁在一起，那个在她心中徘徊的人是谁？那个陪伴她走过无数孤单日夜的人是谁？那个在她灵魂深处始终挥之不去的身影又是谁？想来，每个人心中都会有答案，而每个人的答案都不同，我们不是张爱玲，无法确定那个人是谁，但不管是曾经深刻伤害过她的人，还是一直默默关心她的人，张爱玲都将他锁于心灵深处，从不曾遗落。

洁来洁去

侬今葬花人笑痴，他年葬侬知是谁？试看春残花渐落，便是红颜老死时。（曹雪芹《红楼梦》）

《红楼梦》中开篇就都交代了林黛玉和贾宝玉的身份。宝玉本是天上赤瑕宫的神英侍者，黛玉是天上的一棵绛珠仙草。因为神英侍者每日灌溉甘露，绛珠仙草才得以修成女体。下凡后，林黛玉就要用一生的眼泪，还贾宝玉的灌溉之恩。泪有流尽时，花有残落日！

在海棠社中，林黛玉封号“潇湘妃子”，而这暗中指的是古老传说中舜的两个妃子——娥皇和女英。两个妃子得知舜死后，将泪水洒到竹子上，出现斑痕，得名潇湘竹，二人眼泪干了，就在水中死去。而林黛玉为贾宝玉流尽了眼泪，也将魂归他处。

人都是这样的，干干净净地来，干干净净地去，不带走一片云彩，凡尘俗世终将被我们所抛弃。那一刻是否感觉到有那么一点点的扬眉吐气，我们踏着哭声而来，被命运捉弄，被人性戏耍。而如今，一切尽数散去，我们会微笑着离开，毫无眷恋。

1995年9月8日，一位体态瘦弱，身着赫红色旗袍的华裔老太太，十分安详地躺在空旷的大厅中一张相当精美的地毯上。桌子上，有一叠铺开的稿子，有一支未合上的笔。洛杉矶警署的探员古斯曼从来没见过这样凄艳的图画，更想不到，这个华裔老太太就是风靡华文世界的杰出女作家——张爱玲。

她没有惊动任何人，是公寓管理员注意到这位老太太久不露面，引起怀疑，打电话又没人接，才通知了警方，法医认为，死亡时间大约在一个星期前，没有自杀迹象。

张爱玲一直都是淡雅的晨雾，怎么可能自杀。其实，她早已预料到了自己的死。不然，她又怎么会留下将骨灰撒到任何一处旷野中去的遗言？她又怎么可能如此从容地把自己的死安排得妥妥当当的。她选择死在洛杉矶，以一个外籍华人的身份，她曾经有一个家叫做中国，而如今，家已经回不去了，能够回去的，已然不是家。

生前那些旧日的老友、弟弟、姑姑，都殷切地邀她回上海，哪怕只是逗留数日，但张爱玲最终还是固执地拒绝了。如果回去的话，上海还能是“上海”么？还是属于张爱玲的上海吗？在经历那么多是是非非后，张爱玲已经不确定了，那么还不如来个自我彻彻底底地放逐，在一个陌生的、寂静的时空中将一切埋葬。

陈思和先生在《乱世才女的心境》中写道：“她在社会里永远是个异物，拙于应对，拙于周旋，有人向她亮出各种武器——友谊、爱情、名利、灾难、利用、威胁、冷漠、赞美……她一概接受，无力拒绝。也许这些对她来说都只是一抹晚霞稍瞬即逝，唯一真实的是连她也没有过的前世的记忆。”

爷爷是清朝的翰林张佩伦，满腹经纶却只会纸上谈兵，马尾海战顶着铜盆逃命，甲午战争被亲戚逐出官场，一生极其悲凉，连死都未回归祖坟；奶奶是李鸿章的掌上明珠，可惜一生并无太多文采，其留下的诗句都是张佩纶加以填写的，并最终印证着红颜薄命的话，40多岁去世了。张爱玲诞生的时候，这个显赫的大家庭已经像《红楼梦》一样演到了最后一回，仅是风雨飘摇中的残烛而已。她感触很深，十几岁的文字，就比一些早熟的作家来得老道，深邃。人性、人情、世态炎凉，在她的笔下那么精致地表现出来，更不惜借用最强烈对比的颜色来表达沉沦世态。要绝情就绝情到底，要冷艳就冷艳到底，在那个四处充满绝望的时代里，凄厉与决裂是其最好的陈述。正好像《倾城之恋》里的流苏，“在这不可理喻的世界里，谁知道什么是因，什么是果？谁知道呢，也许就因为要成全她，一个大都市倾覆了。成千上万的人死去，成千上万的人痛苦着，跟着是惊天动地的大改革……流苏并不觉得她在世界上的地位有什么微妙之处。传奇里倾国倾城的人大抵如此。”

一个城市的塌陷成就了流苏，而张爱玲的命运又与流苏的何其接近，在上海陷落的凄风苦雨中，年轻的女子带着迷离的气息缓缓走开，她笔下的沧桑，意境的深刻，就像一朵妖艳的曼陀罗，在那个兵荒马乱的天地间，带给无数人心灵的震撼和痴恋。

时光流逝，她的脚步缓缓变慢，伸出手去，握住的另外一种感觉就是“苍凉”。像蛆虫入驻她的身体，她恍惚过，挣扎过，受挫过，然而她毕竟是深邃的女子，在那虚无边缘的苍凉中，寻找到仅仅属于自己的一点充实。她选择孤单地生活，孤单地离世。

在她居住的公寓里，邻居只知道她是个寡言少语、孤身一人的中国老太太，没有人知道她就是被夏志清教授称赞为“中国现代小说史上唯一能与鲁迅并列”的天才女作家张爱玲。当张爱玲的名字在台湾被众人追捧，当《红玫瑰与白玫瑰》红遍海内外，她依然不动声色地生活着，仿佛这一切根本就与自己无关。心在寂静中得到欢悦，灵魂在孤单中终被释放，张爱玲给自己晚年铺写的路就是黯淡与闲适，悲怆与荒远。

他们说红颜薄命，而女人一般用桃红的胭脂，细细掩盖原本苍白的脸颊。在纷乱的尘世中，去感受平庸的快乐。张爱玲像飘荡的雾气，停歇在繁复的红尘里，冷眼旁观地看着众人追逐，迷茫。

时代是本这么沉重的书，读不透，看不穿，颠簸流离里只能缴械投降，张爱玲也投降了，但她投降得洒脱，投降得干脆明了，她是善于将生活艺术化，又满怀悲剧感；既是名门之后，又自称小市民。她就是雾气，带着迷离的清香，游离在俗与不俗的夹缝里，正如她所说：“他们虽然不彻底，但究竟是认真的。他们没有悲壮，只有苍凉。悲壮是一种完成，而苍凉则是一种启示。”

悲壮也好，苍凉也罢，张爱玲的一生无疑是悲苦的，但当轻轻放下尘土，撒手而去的时候，张爱玲带走了“苍凉”，从此，“苍凉”将是一个我们挪不动的形容词；从此，都市里的“爱情”该找另一个名词来代替，我们都配不上这两个字。因为我们的爱情里面包含了太多太多的东西，宛如原本清澈的水，被做成了可乐和饮料。

张爱玲走了，林式同是张爱玲指定的遗嘱执行人，早在

1992年就确定了的。她的遗嘱亦非常简单：一、一旦弃世，所有财产赠与宋淇夫妇；二、希望立即火化，不要殡殓仪式，如在内陆，骨灰撒在广漠无人处。

张爱玲走了，走的时候一切嘱托给了林式同。林黛玉也走了，走的时候告诉紫鹃，她的身子是干净的，好歹叫他们送她回去，表明了想和宝玉甚至贾家断绝所有关系，离开此是非，污浊之地。

凡尘中有太多的不尽如人意，做不了，做不好，那么轻轻放手，不如归去，亦是很好的途径。

欲讯秋情众莫知，喃喃负手叩东篱。孤标傲世偕谁隐，一样花开为底迟？

圃露庭霜何寂寞，鸿归蛩病可相思？休言举世无谈者，解语何妨话片时？（曹雪芹《问菊》）

离别之歌

花开花谢惜天定，人生人死泪沾襟，张爱玲死了。她曾经写过一篇《童年无忌》，其中有一个小标题叫《弟弟》，那里有对张子静的赞美，亦有对他浑噩麻木的取笑。当年张子静看过后，没有生气，更没有觉得那里有“寒冷的悲哀”。直到9月9日中秋节那天，已经是74岁老人的张子静得知姐姐张爱玲离开人世的消息时，一连几天都恍恍惚惚，宛若灵魂追逐姐姐的脚步，妄图再多一些交接，多一些相守，然而纵还是不能如愿的。其实他曾经给张爱玲写过信，希望她回来看看，可张爱玲看到信中太多哀求她帮助的句子，倍感无力，婉言谢绝了。

张爱玲去世了，张子静找到了那篇《弟弟》，只看一行，眼泪就忍不住夺眶而出。他一生悲苦懦弱，没有姐姐那样坚定的翅膀，没有姐姐那样洒脱的独孤，他就是秋季中的牵牛花，没有篱笆的支撑就会飘然而落。他挣扎着，盼望着，希望有一天可以离开父亲，跟母亲和姐姐一起生活，哪怕只有一日也不枉此生了，可命运戏弄，母亲走了，如今姐姐也走了，他心底的那份孤单，绝望，无人与诉，无人了解。

而从那天开始，他决定要给姐姐写点东西，后来，他写了《我的姐姐张爱玲》。算缅怀吗？也许是，但在张子静身上我们看到了更多的悲哀，身为弱者注定要被人欺凌，这个世界充满着现实与争斗，你没有张爱玲的雅致，就要有一身能抵挡风雨的铠甲，否则就是为你抹了同情的眼泪又能如何？像《士兵突击》中所演，如果没有班长的那一吼，许三多可能永远站不起来，所以，别叫别人瞧不起你，站起来，砸啊！

人生的舞台是属于强者的，命运的巨轮都偏向有能力的人。当我们徘徊在迷茫里，不知道下一步要走向何方的时候，强者早已拿起了刀枪，往自己确定的方向冲锋，所以必定比你早达到目标，比你更容易获得成功，获得快乐。

快乐是心灵的产物，张爱玲快乐，因为她得到了自己想要的生活，而这生活要有物质来保证，强者得到是以这个为最简单，最直接的衡量标准，所以当他们挥金如土，享受人生的时候，请不要轻易嘲笑，因为在某一时候，那也叫能力。

并不是感受花香的时候才能充实，并不是雨洒过碧波的时候才有轻灵。这一切都是一种思想意境的追寻，我们丢不掉，所以将这份淡雅的美好保留到心底。而站在我们面前的，毕竟是个纷乱的尘世，被俗气所包裹，所以只能先填饱了肚子才能有闲情雅致来欣赏这份美好。

张爱玲的一生沧桑而绚丽多彩，生于乱世，长在阴暗之家，从小受尽折磨，她宛如风雨里挺拔的松树，屹立不倒。上帝终于起了怜悯之心，将女子祈望得到的东西都堆放在她的眼前，才华、盛名、财富、还有爱情，那里风是甜的，雨是醉的。可时光流逝，不是张爱玲太贪心，而是命运太戏弄，它将一样一样费力抽离，每抽一下都是血肉模糊，支离破碎。张爱玲开得最美最艳的时候也走到了尽头。她只能逃避，过了将近30年的孤岛生活，不想见到更多的人，听到杂乱的声音，而这样的“偏执”，使她最后逃避到死亡里，并在一个星期后才被人知晓。

林式同接到电话立刻赶到了现场，面对这样的情景，他微微惊讶，却不伤悲，一切情绪上的宣泄都是张爱玲所不愿见到的，他平静地接受了张爱玲的死，并愿意尊重她的意愿来执行遗嘱。

但是林式同将一切想得太简单了，世上太多的人不愿这样轻易放掉张爱玲，在他们眼中，张爱玲的死就像一份巨大的财富，每一个细节的报道都能引来无数崇拜者的传看，轻易提高刊物的销量。他们不但蜂拥而至，到洛杉矶进行拍摄采访，还不住地骚扰林式同及相关朋友，要求召开记者招待会，公开火葬日期，举行追悼大会，并且假借夏志清之名称应将张爱玲土葬。

在这个世界上有太多无聊的人，为了自己的利益，全然不顾别人的感受，甚至瞒天过海，损人利己。张爱玲都知道，她鄙视这样的人，但亦明了，其实每个人心里都有这样的卑劣性。乌鸦和猪，都看到别人的黑，而无法明视自己的满身污垢。这个凡尘，真的太过浮躁，太过疯狂，可不能因为这个，就给自己一个理由去困扰别人的生活。在人的本质中，起码要找到一点点廉耻之心，不要伤害到别人！

张爱玲是个被世人争议的角色，亦如她的曾外祖父李鸿章。相同的血液，相同的命运，都在别人的言论中走完自己的人生之路。苦也好，甜也罢，他们生前无法阻止，死后亦无需计较，何况计较也全无计较之法。人死如灯灭，魂儿飞到九天之外，远离尘世之土，那终会腐烂的臭皮囊丢下也好。

张爱玲洒脱地走了，林式同却无法这样洒脱，他为了寻找宋淇，一时轻信将遗嘱示人，竟然导致内容外泄，见诸报端，引起轩然大波。林式同后悔不已，不得不向朋友们求助。

在大家共同的努力下，9月19日清晨，张爱玲的遗体在洛杉矶惠捷尔市玫瑰岗墓园火化。没有举行任何仪式，火化时亦没有亲人在场。

9月20日一早，《世界日报》仍能报道出火葬现场的照片与文字，简直是神通广大，并极力渲染张爱玲之死的凄凉，给林式同带来很大的压力。9月30日，林式同与朋友一起驾船出海，将张爱玲的骨灰撒入海中，并撰写了《有缘得识张爱玲》一文，这是他不得不向世人做的交代，并为自己做了辩白。

在执行遗书的任务时，对丧事的处理方式，大家的意见特别多。怎么回事？张爱玲的遗书上不是很清楚地列出她的交代吗？她生前不是一直在避免那些闹闹哄哄的场面吗？她找我办事，我不能用自己的意见来改变她的愿望，更何况她所交代的那几点，充分显示了她对人生看法的一贯性。她毕生所作所为所想的精华，就是遗书里列出来的这些，我得按照她的意思执行，不然我会对她不住！

她要马上火葬，不要人看到遗体。自她去世至火化，除了房东，警察，我和殡仪馆的执行人员外，没有任何人看过她的遗容，也没有照过相，这点要求我认为已达到了。

从去世至火葬，除按规定手续需要时间外，没有任何耽误。

她不要葬礼。我们就依她的意思，不管是在火化时或海葬时，都没有举行公开的仪式。

她又要把她的骨灰，撒向空旷无人之处。这遗愿我们也都为她做到了。

其实，细细想来，每个人都有自己的权力，记者有向世人公布真相的权力，林式同是张爱玲生前指定的遗嘱执行人，他有权力按照她的遗愿去执行。当他将张爱玲的骨灰洒进大海的时候，他着实松了一口气。望着茫茫大海，他希望张爱玲一路走好，希望她的骨灰能飘回到她一直想去，却最终没有迈开那一步的地方，该是书中那个充满迷离的城市吧？！

人们喜欢旧时的上海，是因为张爱玲用她的文笔给那里填筑了血液和呼吸。在青石所铺的小巷，黄昏的光，细细洒在地面上，轻轻踏上，便发出悦耳的声音，一声一阵，带着生命的呼唤。

其实，每个人都是带着使命来到这个世界的，林黛玉是要用一生的眼泪，还贾宝玉的灌溉之恩，泪尽了，花魂已去。而张爱玲就是要带着一身不俗之骨，来品味凡尘百态，写尽痴男怨女的爱恨离愁，使命完结，她亦飘然远去，留给世人的不过是空想，空追念罢了。

人非日月，日月尚有长久之时，而人的一生只不过短短数十载，每一天都会邂逅，每一天都有分离，看尽秋华春月，只希望自己人生之路，不会留下太多的遗憾。